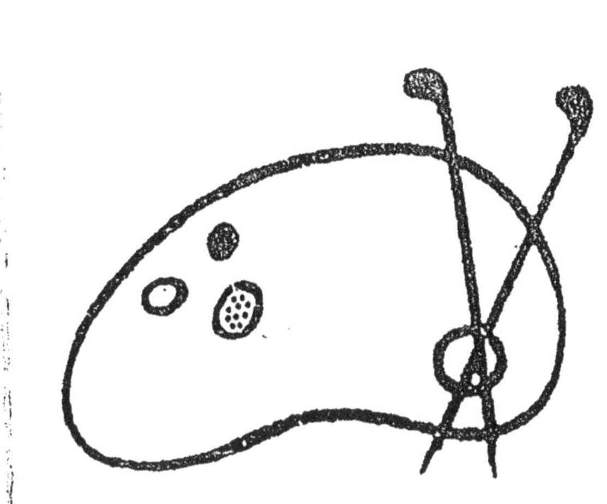

Couvertures supérieure et inférieure
en couleur

# COUVERTURES SUPERIEURE ET INFERIEURE D'IMPRIMEUR.

# LE DERNIER

#### DES

# RÉFRACTAIRES

IMPRIMERIE D. BARDIN, A SAINT-GERMAIN EN LAYE

# LE DERNIER

## DES

# RÉFRACTAIRES

### SOUVENIRS

## D'UN ANCIEN MAGISTRAT

### PRÉFACE

## PAR EMMANUEL GONZALÈS

### NOUVELLE ÉDITION

## PARIS

### E. DENTU, ÉDITEUR

LIBRAIRE DE LA SOCIÉTÉ DES GENS DE LETTRES

PALAIS-ROYAL, 15-17-19, GALERIE D'ORLÉANS

1881

# PRÉFACE

Nous n'avons pas la prétention de conter
ici l'histoire de la préface, histoire des plus
singulières et des plus difficiles. Tout le
monde sait que dans les premiers temps, ce
ne fut qu'une honnête supplication d'au-
mône, une dédicace hypocrite adressée par
des poètes beaucoup trop mythologiquement
vêtus à des maltôtiers dispensateurs des
grâces de Plutus.

Puis, quand les courbettes de la page en
chiffres romains finirent par ne plus rapporter la moindre livre tournois, quand le
plus mince écu voulut être encensé des hy-
perboles de l'apothéose, avant de tomber
dans le gousset troué de l'auteur, au pour-

point de ratine et aux bas crottés, la préface
qui faisait si bon marché de la tragédie et
du roman, devint érudite; elle se livra aux
pirouettes d'un pédantisme exagéré. Pendant la Révolution, elle tricota des pam-
phlets, des actes d'accusations et versa des
larmes sur les malheurs de la vertu, si bien
qu'elle devint de plus en plus maigre et
efflanquée. Enfin, sous le premier empire,
elle voulut changer de régime et manger à
la gamelle du troupier pour reprendre des
forces; elle se cacha dans le bonnet à poil
des grenadiers, et grignota des bribes de
proclamations; mais l'odeur de la poudre
agaça la délicatesse de ses nerfs et elle rentra
dans la cité. Après avoir dormi quelques
années au fond d'un fauteuil académique,
elle se réveilla un beau jour pour se rendre
en grand costume aux messes de la Restauration, et quand la prière eut rendu le courage à son âme, et l'encens la vie à ses membres lassés, elle entreprit témérairement de
poser les colonnes d'Hercule de l'art.

Hélas! amère ironie du sort, à cette heure
même éclatait la préface de *Cromwell* qui dé-
rangeait tant de laborieuses combinaisons !

Tremblement de terre littéraire qui faisait crouler tous les systèmes, tous les mots d'ordre, tous les axiomes des préfaces antérieures. La Jéricho antique tombait en poussière. Les Unités avaient vécu. Les enjambements triomphaient. Les cendres d'Aristote étaient profanées et jetées aux vents sacrilèges. La périphrase était condamnée au profit du mot propre qui, en dépit de l'ukase de Boileau, bravait l'honnêteté en français. Victor Hugo portait une torche impie dans le camp des copistes et des léthargiques. Les Baour-Lormian se réveillaient en fuyant avec la jaunisse, et essayaient vainement de dénoncer tant de crimes à la vindicte des lois.

A cette époque, la préface hantait les cénacles présidés par de vieilles dames qui se glorifiaient d'une beauté célèbre sous le Directoire et l'Empire, ou par de jeunes muses que protégeait une laideur poétique et exceptionnelle. Nous ne les nommons pas pour ne décourager personne. Dans ces tertullias soporifiques, les jeunes hommes s'abreuvaient du nectar des petits vers et se nourrissaient du miel des charades. Des

Obermann lymphatiques récitaient leurs impressions de clair de lune à des demoiselles bardées d'écharpes. La harpe de M^{me} de Genlis sévissait encore dans quelques salons retardataires. Hippolyte Monpou déconcertait Ponchard, ténor de grâce, et Panseron, au nez introuvable, en chantant d'une voix sourde, mais exaspérée, l'*Andalouse* d'Alfred de Musset.

Deux camps d'Agramant se dressaient en face l'un de l'autre. Viennet, harcelé par les guérillas d'Hernani, reculait, de salon en salon, devant les gilets rouges, essayant de rencontrer une dernière guérite pour y abriter ses fables. Déjà le théâtre et les revues, répudiant les naufragés de l'Académie, ouvraient leurs portes aux novateurs. La préface n'était pas femme à tirer chaque jour de nouveaux pétards et à casser les vitres, mais elle regardait avec sérénité les champions et comptait les coups.

Le romantisme avait enfin gagné la bataille au son du cor d'Hernani qui, plus heureux que celui de Roland, avait fait voler en éclats les vieux temples, les vieux casques, les vieilles tombes et les vieilles coupes de poison de la famille des Atrides. Sous le regard paternel de Chateaubriand, les barbares avaient triomphé des grommellements édentés de la muse classique et de la censure royale et des libérâtres du *Constitutionnel*. Monrose était consterné, lui, ce joyeux Figaro, qui avait l'habitude de secouer la poussière du Théâtre-Français sur la tête des ardents spectateurs de Hugo, entassés aux portes. Nous tenons le fait de l'excellent baron Taylor, un témoin digne de foi.

Toute une couvée de poètes et de romanciers chantait victoire avec Taylor dans le salon de Charles Nodier. Tous jeunes et plus bouillants qu'Achille! *Agathos*, bon, brave à la guerre, dit le Jardin des racines grecques. Comment se nommaient ils? Tout simplement Alfred de Vigny et Alfred de Musset, Honoré de Balzac, Prosper Mérimée, Alphonse Karr, Méry, Léon Gozlan, Alexandre Dumas, Eugène Sue, Frédéric Soulié et *tutti quanti!* A la même heure, la Taglioni dansait et la Malibran chantait. La Malibran qui ne devait jamais mourir, car les stances de Musset l'ont rendue immortelle. Quel avril artistique! Quel radieux printemps littéraire! Quant aux

bourgeois inquiets et désorientés, un Dieu
clément leur avait accordé Scribe pour les
dédommager et leur faire prendre patience.
Eugène Scribe, auteur laborieux, suffisait à
la tâche, secouru par cinquante aides de
camp. Dans le roman, Paul de Kock les
consolait des orgies de style de Théophile
Gautier et des macabreries de Petrus Borel,
le Lycanthrope. Les âmes plaintives qu'ef-
frayaient les coups de tonnerre lyriques de
Victor Hugo, trouvaient un refuge dans les
vapeurs dorées des Lacs de Lamartine, le
divin lakiste.

Cependant les salons des Corinne à tur-
bans, qui s'assoupissaient bercées par les
harmonieux airs de flûte de Jocelyn, s'éva-
nouirent peu à peu comme des ombres chi-
noises. Gavarni y mettait en fuite les acadé-
miciens armés de parapluies verts et de soc-
ques protecteurs, qui toussaient entre une
douzaine de sonnets du minuscule Paulin
Limayrac et deux verres d'eau rougie peu
sucrée. Georges Sand se rangea, elle cessa
de s'habiller en homme et de fumer des
cigares au nez des populations indignées;
elle veilla au chevet de Chopin après avoir

négligé celui d'Alfred de Musset. La grande fièvre s'éteignit, on ne vit plus un jeune poète convaincu payer vingt mille francs le droit d'être sifflé à l'Odéon pour cause de tragédie compacte. Un Corneille, avocat de province, encouragé par M. Molé, ministre de tempérament modéré, entreprit la démolition de Victor Hugo à coups de tragédie romaine fortement assénés. A quarante ans de distance ce fonds de commerce a été remis en exploitation par l'apôtre du naturalisme, branche supérieure du réalisme de Champfleury.

Que disons-nous? Un apôtre! Non. Un messie! Un Christophe Colomb! Le dieu de la Préface. Ce Dieu a déjà promulgué trente-six préfaces. Il a publié le prospectus de l'ordre et de la marche du naturalisme. Il a écrasé la politique et édicté cet ukase: « La République sera naturaliste ou elle ne sera pas.» Le naturalisme est grand et Zola est son prophète. *Nana* est la grande prêtresse du nouveau culte. Hugo n'est qu'un patriarche antique et solennel qui a fait son temps. Quant au précurseur Champfleury, il a été dédaigneusement supprimé. Zola a inauguré la

restauration de la préface de huit cents pages,
afin de prouver que le vin de Chypre versé
dans une coupe de cristal n'est pas naturel
comme une bouillie de vin bleu dans une
tasse d'étain. Pour nous, cependant, ce pré-
facier terrible n'est qu'un lyrique exaspéré,
en rupture de ban. Les émaux lui plaisent
autant que les tessons de bouteilles, et l'odeur
des guenilles de la rôdeuse de barrière ne
l'enivre pas plus capiteusement que l'oppo-
ponax des belles patriciennes des ventes de
charité.

Qui de nous refuserait de défendre, avec
ou sans préface, la cause de la vérité, de la
morale et du naturel dans le roman? Certes,
l'invraisemblable, le faux et le fangeux ne
saurait être le beau de l'art, mais est-ce à
dire que la fantaisie, cette déesse, si fraîche
éclose au cerveau de tous les imaginations
saines, cette reine élégante et capricieuse
qui a des oiseaux sur les lèvres, doive pour
cela fermer la grille de son parc sur toutes
les illusions, flétrir les roses de ses jardins
enchantés, tarir l'eau de ses torrents, jeter
des nuages bruns sur les horizons bleus de
son firmament, sécher les sources jaillis-

santes des gueules de ses griffons de pierre
moussue, briser les casques à panaches et
les longues épées de ses chevaliers, exorciser
ses doux fantômes, sylphes et lutins, verser
enfin la glace de la réalité ou la glu vis-
queuse du naturalisme sur les fronts char-
mants de ses péris? Devons-nous proscrire
l'*Ivanhoé* de Walter Scott, admiration de
Balzac, le *Trylby*, la *Fée aux miettes* de Charles
Nodier, la *Esmeralda* de Hugo, la *Mignon* de
Goëthe, et tant d'autres créations exquises?

L'imagination n'est-elle pas le chemin
charmant dans lequel nous devons marcher
avec amour et qui tend sans cesse sous nos
pas des tapis de velours, tandis que cette
ingrate et misérable vie réelle n'a pour nous
que des ronces sans parfums et sans fleurs!
Pourquoi donc reprocher à la pensée d'élever
trop souvent notre esprit au-dessus des mer-
veilles accoutumées et des horizons bornés
de la nature. Elle veut sonder et pénétrer
l'infini. Pourquoi ne pas satisfaire ses pen-
chants insatiables? Les rêves dorés valent
mieux que les réalités niaises ou misérables.
L'art peut bien descendre de l'échelle de
l'inspiration dans les abîmes du grotesque et

de l'horrible, mais jamais dans les plates-bandes arides du lieu commun.

Ces réserves faites, nous nous déclarons aussi éclectique que possible. Pour nous, Voltaire ne fait pas tort à Rousseau, Balzac à Georges Sand, Alphonse Karr à Prosper Mérimée, ni Gautier à Zola. Il est des œuvres qui se démodent avec le temps, il en est d'autres qui s'affirment. Lesage, Cervantes et Alexandre Dumas, grâce à une prodigieuse intensité d'action et d'observation, ne cesseront jamais d'amuser les lecteurs et à toutes les époques les bas-fonds de l'humanité trouveront des curieux pour les décrire, les étudier et s'y intéresser. C'est là ce qui a fait le succès des romans de Dickens, de Fielding, d'Eugène Sue, et des histoires de brigands anciennes et modernes. C'est à cet attrait incontestable que nous-même nous avons dû le succès des *Frères de la côte*, et que nous avons pris un plaisir extrême à lire la *Grazia* d'André Léo. Oui, les histoires de brigands ont de tout temps séduit l'imagination du public. Pour lui, comme pour les illettrés, le brigand est un redresseur de torts. Sa mission est de suppléer la justice officielle, trop lente et trop boiteuse. Le brigand est un socialiste inconscient qui rétablit l'équilibre entre le riche et le pauvre, la race grasse et la race maigre, le ventre pansu et le ventre vide. Tel est le secret de son prestige. Le paysan, le berger, le pâtre ne dénoncent jamais le brigand; ils sont volontiers ses complices, et puis ils ont peur de sa vengeance, car ils sont isolés et désarmés en face de lui.

L'auréole du brigand est si rayonnante qu'elle a tenté la plume de tous les conteurs, sans excepter les faiseurs d'opéras-comiques. Victor Hugo adolescent a inventé *Han d'Islande*, ce monstre presque aussi fabuleux que le Polyphème de la mythologie, et Charles Nodier a mis à la mode, dans *Jean Sbogar*, le brigand romanesque, rêveur et sentimental, un Werther déguisé en tyrolien. Alfred de Musset a sacrifié, lui-même, à la muse du banditisme dans la *Coupe et les lèvres*. Lord Byron n'avait-il pas célébré en vers sympathiques les Lara et autres corsaires ?

Innombrable la phalange des brigands immortalisés par les grands, moyens et petits romanciers, depuis *Ali-Baba et les quarante voleurs* qui ont fait la joie de notre enfance jusqu'au mélodramatique *Cardillac*, de Théodore Hoffmann, ce joaillier si amoureux de son art qu'il tuait ses clients pour conserver plus longtemps leurs bijoux ; depuis le capitaine *Rolando* qui terrifiait Gil-blas jusqu'aux *Abellino* et aux *Rinaldo Rinaldini* qui troublaient le sommeil des dames de la halle, sous l'Empire.

Plus tard, le *Rob-Roy* de Walter Scott devenait légendaire comme *Robin Hood*, car ce pillard lord des montagnes protégeait au besoin la vertu et défendait l'opprimé. Fenimore Cooper marcha sur la piste de son maître et créa une littérature de brigands maritimes.

La période romantique ne répudia pas cet élément de succès. Alexandre Dumas dut au récit des exploits de *Pascal Bruno*, de *Gasparone*, d'*Adam le Calabrais*, ses premiers succès de conteur. Prosper Mérimée inaugura enfin l'ère de la vérité sobre et précise dans les histoires de brigands. Le côté chevaleresque et factice disparut de ses récits ; l'auteur de *Colomba* et de *Carmen* fit rentrer les fantoches dans la coulisse et nous restitua le bandit dans sa réalité féroce et cupide; ses héros, voleurs, bohémiens, sans en excepter le fameux José Maria, sont aussi vivants que ceux de Cervantes dans *Don Quichotte*. Notons cependant qu'Eugène Sue lui avait tracé le chemin dans un récit saisissant : *Les Montagnes de la Ronda*.

Mais nous n'entendons pas faire la nomenclature de tous les ouvrages de ce genre. La création la plus considérable au point de vue du rôle du brigand dans la comédie contemporaine, c'est celle du Vautrin de Balzac. Ce personnage imaginaire a acquis un relief et une notoriété telles dans l'esprit du public qu'il existe beaucoup plus réellement pour nous que les Vidocq et les Troppman authentiques. Dès son apparition dans le *Père Goriot*, Vautrin marqua son empreinte d'un trait si ineffaçable que les romanciers du lendemain, Émile Gaboriau, Ponson du Terrail, Xavier de Montépin, Constant Guéroult, Pierre Zaccone, Élie Berthet, Clémence Robert, Victor Tissot et tant d'autres ne purent qu'émietter ce lingot formidable en menue monnaie. Nous ne devons cependant pas oublier une histoire de brigand qui est devenue épique et dont la fantaisie étourdissante d'Edmond About a fait un chef-d'œuvre d'esprit et de gaieté satirique : c'est ce *Roi des Montagnes* que tout le monde a lu et relu.

Quant à la nouvelle pléiade des romanciers d'observation plus ou moins naturaliste, tels que les Hector Malot, les Ferdinand Fabre, les Alphonse Daudet, les Jules Claretie, les Adolphe Belot, les de Goncourt, les Eugène Muller, les André Theuriet, les Flaubert, ils se sont soigneusement abstenus de ces racontars pittoresques, picaresques ou chevaleresques qu'ils tiennent en piètre estime et relèguent dans les limbes de la littérature d'ordre inférieur.

Aujourd'hui nous servons de héraut d'armes à un singulier champion. L'auteur des *Souvenirs d'un ancien Magistrat* a découvert une note nouvelle et toute personnelle dans la romancerie du brigandage.

Il nous est interdit de faire son éloge, mais nous pouvons affirmer que ses récits nous ont impressionné par une accentuation personnelle d'une intensité extraordinaire. Il ne s'agit plus ici d'invention, d'arrangement, de composition littéraire. L'art est absent de cette photographie ou plutôt il est inconscient. L'artifice du conteur le plus expert n'atteindrait pas à la puissance de cette réalité toute nue, simple, familière, naïve. L'auteur a *vu* ses étranges héros; il les a entendus, il les a jugés; il écrit pour ainsi dire leur déposition; aussi ces histoires sont-elles neuves et profondément originales. Vous touchez du doigt les personnages; vous les voyez marcher; vous les écoutez parler, et leurs aveux vous troublent par leur étonnante sincérité.

Nous ne doutons pas du succès de ce volume et nous espérons que si le public nous donne raison, l'auteur ne s'arrêtera pas en chemin.

EMMANUEL GONZALÈS.

# LE DERNIER

## DES

# RÉFRACTAIRES

---

Le 14 novembre 1845, la diligence qui transportait de Nantes à Vannes des fonds appartenant à l'État fut attaquée dans le bois de Pontsal, à quelques kilomètres de Sainte-Anne-d'Auray. L'attaque avait eu lieu vers cinq heures du matin, avant le jour. Les brigands, échelonnés derrière un talus de la route, avaient fait feu à une très petite distance, six à huit mètres environ. Ils étaient au nombre de dix-neuf ou vingt; mais tous n'avaient pas tiré, et l'on n'avait pas compté plus de douze coups de fusil. Des quatre gendarmes à cheval qui escortaient la voiture, un avait été tué raide, un autre blessé à mort, et il succomba quelques jours après. Sur les cinq chevaux attelés, trois avaient été abattus.

Les deux gendarmes qui avaient échappé aux balles coururent à toute bride à Auray chercher du secours.

Les réfractaires, car c'étaient eux, se ruèrent
sur la voiture et s'emparèrent des groups ou sacs
d'argent qu'elle contenait, pour une valeur de
460,000 fr. Ils ne se livrèrent à aucuns sévices sur
le conducteur, le cocher, les voyageurs, qui ne
furent ni dévalisés ni fouillés. Ils ne s'en occupaient pas, absorbés qu'ils étaient dans l'exécution de leur coup de main sur l'*argent du gouvernement.*

Diverses circonstances, d'ailleurs, empêchèrent
qu'on pût les reconnaître : le jour ne s'était pas
encore fait, une des lanternes de la diligence
était éteinte, et ils portaient pour la plupart de
larges chapeaux rattachés sous le menton par
des mouchoirs ; leur costume se composait uni-
formément d'un pantalon de toile, d'un veston de
drap brun, d'un gilet de velours noir, avec la cartouchière en ceinturon et le fusil double en ban-
doulière ; ils s'agitaient fiévreusement autour de
la voiture, grimpant, fouillant et escaladant de
tous les côtés ; de sorte que les spectateurs ne
pouvaient constater l'identité d'aucun de ces
œgypans du vol à main armée.

Les réfractaires rangèrent les groups sur un
des bords de la route ; puis ils coupèrent les traits
des trois chevaux abattus, attelèrent convenablement les deux autres, firent remonter les voyageurs, le conducteur et le cocher, en ordonnant
à celui-ci de continuer son chemin vers Auray.

La nouvelle du crime ne parvint à Vannes qu'à
huit heures du matin. Les magistrats instructeurs

étaient sur les lieux à dix heures ; mais, quand
ils arrivèrent, le sol boueux avait déjà été pié-
tiné, et ils ne purent guère recueillir, comme
pièces à conviction, que le papier ayant servi de
bourres aux fusils.

Plus tard, ils constatèrent que les auteurs de
cette sanglante et cupide expédition étant au
nombre de 19 ou 20 et le nombre des coups de
féu n'ayant pas dépassé 12, on pouvait, à la
rigueur, admettre que six seulement des malfaiteurs avaient tiré, puisqu'ils étaient tous porteur
de fusils doubles.

Les premières investigations de la justice n'a-
menèrent aucun résultat utile pour l'arrestation
des coupables.

La somme de 460,000 fr. enlevée se composait
en totalité de pièces de 5 fr. et devait servir à
payer les marins de la flotte à Brest, ou être em-
barquée pour la solde des équipages dans les
stations lointaines.

Les magistrats de Vannes firent, en conséquence, surveiller les marchés et les foires des
environs, interroger les études des notaires, les
bureaux des contributions, les cabinets des
hommes d'affaires, jusqu'aux boutiques de certains marchands bien achalandés, et surtout les
cabarets : aucune révélation ne vint signaler une
circulation plus abondante que d'ordinaire de
pièces de 5 fr.

L'information languit ainsi pendant deux ans
sans amener d'autres résultats que la certitude,

qui fut d'ailleurs bien facilement acquise, quo
les réfractaires étaient les auteurs du crime.

Ces détrousseurs de grands chemins existaient
à l'état endémique dans le Morbihan depuis 1792.
Ils occupaient le bas de l'échelle dans la hiérar-
chie de la guerre civile dont ils avaient la prétention do faire partie ; au haut, les Vendéens,
au-dessous les chouans, bien au-dessous encore,
les réfractaires. Hideuse race de Peaux-Rouges
bretons aimant mieux voler, piller, incendier et
tuer que servir sous le drapeau. Ils eurent, à un
moment très court, une sorte de reflet guerrier,
au temps de Georges Cadoudal. Ce chef de parti-
sans était né le 17 mai 1769, au moulin de Brech,
qui se voit encore près de la forêt même de Pontsal, dans un joli ravin, entouré de quelques
pommiers, au milieu d'un pâtis toujours vert.

Georges fut élevé parmi les réfractaires; il en
avait les goûts, les instincts, les habitudes et les
aptitudes. Peut-être cependant avait-il quelque
chose de plus. Il se haussa jusqu'à une alliance
avec Pichegru. Il aspira de porter ses coups jusqu'au Premier Consul. Le comte d'Artois, en
1800, le nomma lieutenant général; Louis XVIII,
en 1814, anoblit sa famille. Son nom put donc,
durant quelques années, jeter un certain lustre
sur ses compatriotes les réfractaires. Mais en
1845, et depuis longtemps, ce rayon s'était éva-
noui.

La justice n'eut pas la pensée de mêler la politique à l'attentat de Pontsal. Elle savait que les

gentilshommes du Morbihan, s'ils avaient jadis
favorisé le brigandage contre les bleus, en
étaient bien revenus, et que cette solidarité, que
continuaient de leur imposer d'anciens complices,
solidarité aujourd'hui sans profit et pas sans
danger, leur pesait, sinon comme un remords, du
moins comme une faute, et qu'ils ne demandaient
qu'à en secouer le joug.

Mais les magistrats instructeurs, après avoir
constaté que le seul mobile du crime avait été la
cupidité ; que les seuls auteurs étaient les réfractaires ; que le parti légitimiste n'y avait trempé
à aucun degré ni sous aucun rapport, se trouvaient déjà à bout de voie.

Depuis deux ans, la procédure n'avait pas fait
un pas de plus.

La justice tenait cependant un fil conducteur
dans sa main ; et si elle ne s'en était pas encore
aperçue, elle allait le voir.

Parmi les bourres de fusil recueillies sur les
lieux, toutes maculées de poudre et de boue,
et qui étaient enfouies dans un volumineux dossier, il s'en trouvait une qui reposait avec les
autres, cotée comme elles, paraphée, inventoriée
et classée en ordre, sans que rien semblât la
signaler comme recélant un indice révélateur.
Or, un beau jour, le juge d'instruction, en com-
pulsant pour la centième fois peut-être cette procédure, remarqua que ce fragment de papier,
nettoyé par le frottement et par l'usure, de la
croûte terreuse qui le salissait, laissait voir à l'un

de ses angles des caractères presque effacés.

A l'aide d'une loupe, on lut les deux lettres A. C. imprimées, et le chiffre manuscrit 47.

Ce n'était rien pour un œil distrait, ce fut tout pour un œil attentif.

Le juge de Vannes se dit : La pâte de ce papier, ce chiffre à la main et ces deux lettres moulées, cela dénote une provenance administrative.

Le procureur du roi pria les chefs des divers services publics de l'arrondissement de venir au cabinet d'instruction, pour une communication dont il leur laissa ignorer l'objet. La terreur inspirée par les réfractaires était encore grande à cette époque. Au jour assigné, les fonctionnaires arrivèrent. L'un d'eux, le receveur de l'enregistrement d'Auray, M. Arthur Goët, déclara que ce fragment de papier devait sortir de ses bureaux ; il promit de répondre plus catégoriquement le lendemain après vérification. Il fit en effet savoir que c'était là un billet d'avertissement délivré le 2 mars 1845, c'est-à-dire, quelques mois avant l'attaque de la diligence, à un sieur Baudet, fermier, demeurant dans la forêt de Pontsal, pour l'inviter à payer des droits de mutation. Ce fut un trait de lumière.

L'un des fusils avait donc été chargé à l'aide d'une bourre provenant de chez Baudet. Et ce Baudet avait notoirement un fils parmi les réfractaires. Et sa maison, à proximité du théâtre du crime, était si propre à l'organisation du complot!

Mais Baudet ne pouvait pas avoir donné un concours gratuit aux assassins.

On se hâta donc de se rendre chez lui dans l'espérance d'y découvrir une partie de l'argent volé. Cette somme considérable, d'un recel difficile à cause de son poids et de son volume, devait certainement, suivant les habitudes locales, avoir été enfouie ; car, en cas de partage, des dépenses anormales en pièces de cent sous eussent été signalées.

La perquisition chez Baudet eut lieu le 23 avril 1847. On arriva chez lui à l'improviste, pensant que le temps écoulé avait dû endormir ses craintes et ses précautions.

On fit cerner sa maison par un cordon de gendarmerie. Les recherches furent longues, actives, minutieuses. Elles seraient demeurées infructueuses sans le secours d'un hasard aussi singulier que le premier.

Il faisait ce jour-là une pluie persistante, et la justice, trompée dans son attente, allait se retirer, quand un des gendarmes qu'on avait mis de planton hors de la ferme, entra dans la cuisine et dit négligemment, en allumant sa pipe au foyer, qu'au moment où on l'avait relevé de sa faction, il allait prendre une pelle pour creuser la terre.

— Dans quel but ? lui demanda-t-on.

— Mon Dieu, répondit-il, je m'étais mis à l'abri sous ce gros pommier que vous voyez là-bas et au pied duquel il y a une pierre. Comme le sol est mouillé, j'avais monté sur cette pierre, et, pour garder mon équilibre, j'ai appuyé une fois ma baïonnette en terre ; or, il m'a semblé que ma baïonnette rencontrait un corps rond sur lequel elle glissait.

— Il faut vérifier cela, dit-on.

Et tout le monde se porta vers l'arbre, le gendarme en tête. On creuse. On trouve à quelques pouces de profondeur, entre deux grandes bassines à faire de la bouillie, une somme de 150,000 fr. en pièces de 5 fr.

On arrêta Baudet, sa femme et sa fille. On les interrogea à part, sur-le-champ. Ils furent également impassibles, nièrent tout, jusqu'à la connaissance de cette cachette. Leurs dispositions d'esprit cependant étaient bien différentes.

Le père était un type de scélérat de la pire et de la plus honteuse espèce, cupide et sanguinaire. Il fut établi plus tard que, depuis 1822, il n'avait cessé d'entretenir et de recruter une bande de réfractaires. Son procédé était simple, invariable, infaillible. Quand un bon gars du pays, c'est-à-dire un gaillard vigoureux sur lequel il avait jeté son dévolu, venait à tirer un mauvais billet, il commençait à le circonvenir, l'amenait chez lui la veille du conseil de révision, le mêlait à de vieux réfractaires, lui procurait une bonne amie, l'enivrait, l'empêchait enfin de se rendre devant le conseil : puis, il lui faisait accroire que ce manquement le rendait passible d'une peine grave, le cachait, le gardait à vue, lui fournissait un

fusil et une cartouchière, le compromettait dans
la plus prochaine expédition de la bande; et
quand le jeune conscrit avait tiré un coup de fusil
sur la force armée, ou détroussé un passant, ou
incendié une ferme, il était lié aux *anciens* par
la solidarité du crime.

De 1822 à 1847, Baudet avait ainsi exercé le
recrutement à sa manière. Sa maison servait de
rendez-vous, il préparait les coups à faire, il pré-
levait, pour ses peines et soins, des primes énormes sur le butin.

Ce vieillard, car il avait près de 80 ans, se dé-
fendit, durant tout le cours de l'instruction, avec
plus d'astuce que d'intelligence. Il comparut à un
grand nombre d'audiences, comme accusé d'a-
bord, puis comme témoin. J'ai entendu souvent
se récrier, s'extasier sur sa présence d'esprit, sa
sagacité. Pour moi, il ne m'a pas paru dépasser
les petites finesses d'un maquignon de mauvaise
foi.

Au moment de leur arrestation, il fit un geste
à sa femme, et ce geste suffit à clore pendant
plusieurs années, pour toujours, tant qu'elle a
vécu, les lèvres de cette malheureuse, qui ne fut
jamais, je crois, que l'instrument docile et peut-
être inconscient de la scélératesse de son mari; à
sceller, dis-je, si hermétiquement sur cette bouche obéissante le silence et le secret, qu'il fut
impossible d'en arracher un mot, non pas seulement un mot compromettant, mais un mot quelconque.

Elle pleurait, récitait son chapelet et ne répondait pas. Elle fut interrogée bien des fois, jusqu'au mois de mars 1851, où elle mourut à la Maison centrale de Vannes. Elle se renferma dans un mutisme absolu et refusa même de se confesser jusqu'à la veille de sa mort. Je l'ai vue souvent et lui ai parlé. Il me serait impossible de dire si elle était idiote ou héroïque.

La fille Maharit Baudet avait 26 ans. Elle était grande, les cheveux noirs, le teint très blanc, l'œil vert, les narines ouvertes, des dents de jeune loup, les traits énergiques, réguliers, d'une véritable beauté. Une sorte de Velléda avec plus de force et moins de charme. On trouva cousue dans son corsage la lettre d'un réfractaire célèbre, François Gicquello, dont elle était certainement la maîtresse, et qui, à cette époque, déjà impliqué dans des procès criminels, était condamné à la peine capitale par contumace.

Maharit fut emmenée dans la prison de Vannes. Dans la nuit qui suivit, elle se leva, cassa un carreau de vitre et, à l'aide d'un fragment, se fit une profonde entaille au bras gauche.

Le lendemain, au point du jour, on la trouva expirante sur le parquet, dans une large flaque de sang.

La cellule où elle avait commis cet attentat sur elle-même renfermait trois autres femmes, et aucune d'elles n'avait entendu ni bruit ni gémissements.

On aurait pu supposer, d'après cette fermeté

de résolution, qu'on n'en pourrait arracher ni révélations ni renseignements.

A la grande surprise des magistrats, au bout de quelques jours, quand elle eut recouvré quelque peu ses forces, car, au dire du médecin, il n'est pas possible d'approcher plus près de la mort sans mourir, elle raconta tout ce qu'elle savait, avec une sorte de satisfaction et de jactance.

Le mystère de ces aveux fut expliqué au juge d'instruction par un gendarme qu'il eut occasion d'entendre comme témoin quelques jours après.

Ce gendarme était un de ceux qui avaient conduit la jeune fille à Vannes. Il s'était trouvé présent lorsqu'on avait saisi sur elle la lettre de Gicquello. Soit qu'il le crût, soit qu'il l'inventât, il eut l'imagination de lui dire, pendant le trajet, que la justice n'était venue faire une descente chez elle et n'avait pu découvrir l'argent au pied de l'arbre que sur les indications de ce réfractaire. Elle ajouta foi à ce récit, d'un côté, parce qu'elle ignorait l'incident tout fortuit qui avait décelé la cachette; de l'autre, parce qu'elle avait elle-même indiqué à Gicquello ce lieu de recel ignoré de tous, et qu'enfin, malgré sa passion pour cet homme, elle le savait capable de délation.

Cette conviction qu'elle était victime d'une trahison, qui devait en faire supposer d'autres, entra si profondément dans son âme jalouse et vindicative, que jamais elle n'en sortit plus,

Quelques mois plus tard, quand ses aveux parurent complets, la justice, dans le but de les contrôler, lui apprit la vérité, afin qu'elle pût, animée par d'autres sentiments, modifier ou rétracter ses déclarations; mais elle se refusa obstinément à croire à ce hasard qu'on lui affirmait. Son erreur a résisté à tout ce qu'elle a pu voir et entendre aux audiences de la cour d'assises, où elle a été mainte fois amenée pour renouveler ses dépositions.

C'est sous l'empire de cette impression ineffaçable qu'elle raconta dans l'information tout ce qu'elle savait de l'organisation du coup de main exécuté à Pontsal.

Elle fit connaître qu'il avait été entièrement conçu et dirigé par Gildas Le Diveat; que celui-ci, grâce aux intelligences qu'il entretenait avec quelques anciens suppôts de la chouannerie dans la Loire-Inférieure, avait appris que le gouvernement dirigeait des fonds, par les Messageries, de Nantes à Brest; qu'il avait réuni les réfractaires, au nombre de 18 à 20, dans la ferme de Pontsal, le lundi soir, 13 novembre; qu'il leur avait dit qu'on devait agir dans la nuit même, car le dernier convoi allait passer; qu'une délibération s'était ouverte entre eux, qu'un grand tumulte s'était élevé parce qu'ils n'étaient pas d'accord sur un point.

Les uns prétendaient que tout le monde fît feu sur les gendarmes, les autres qu'on se bornât à tirer sur les chevaux, sauf à tourner leurs armes contre la force armée, si elle tentait de faire résistance ; que la discussion dégénéra en vociférations, en querelles et en menaces ; que plusieurs d'entre eux saisissaient leurs fusils et se couchaient en joue ; que sa mère et elle, qui jusqu'alors leur servaient à boire et vaquaient aux soins du ménage, se retirèrent dans la chambre d'en haut, pour éviter le danger d'un massacre général qui semblait imminent ; qu'au moment où elle montait l'escalier, elle vit Le Diveat sauter sur la table et leur commander de se taire ; que le silence s'établit aussitôt : mais que, depuis ce moment, elle ne pouvait plus rendre compte de ce qui s'était passé, ayant cessé de rien voir ni entendre.

Maharit Baudet d'ailleurs ne connaissait que quatre de ces réfractaires, ou plus exactement n'en désignait qu'un par son nom, un second par un sobriquet et les autres par leurs prénoms seulement. Elle insistait expressément sur la présence de Gicquello.

Les renseignements fournis par cette fille ne contenaient que deux circonstances vraiment graves ; mais cette double circonstance était capitale : la bande avait mis en délibération si elle tuerait les gendarmes ; elle était dirigée par Le Diveat.

Qu'avait-elle résolu ? Il était certain que les brigands avaient à leur disposition environ 40 coups de fusil et qu'ils n'en avaient pas tiré plus de 12. Si l'on supposait qu'ils avaient l'intention de frapper les gendarmes, on ne pouvait raisonnablement admettre qu'ils eussent le dessein d'en sacrifier deux et d'épargner les deux autres; si l'on s'arrêtait à l'idée qu'ils avaient voulu immoler ces quatre militaires, pourquoi douze coups de fusil seulement?

Devait-on admettre que c'était par maladresse qu'ils en avaient tué un et blessé mortellement un autre, en voulant se borner à abattre les chevaux?

Les diverses hypothèses admissibles étaient propres à jeter une certaine incertitude dans l'esprit, non pas des magistrats, car la qualification légale du crime restait la même, et la responsabilité pénale que la loi édicte n'était pas différente, qu'on s'arrêtât à l'une ou à l'autre des nombreuses conjectures qu'on pouvait faire; mais, pour le jury, qui devait décider de la criminalité de l'acte, à mesure que les coupables lui seraient déférés, le degré de culpabilité de chacun des accusés devait singulièrement croître ou diminuer, suivant la part qu'il aurait prise au crime, en tirant sur les gendarmes ou sur les chevaux, et particulièrement en s'abstenant rigoureusement de tirer.

Il était facile de prévoir, dès les premières constatations, que ce serait là le pivot autour duquel tourneraient les futurs débats do la cour d'assises.

La seconde révélation importante des déclarations de Maharit Baudet, c'était le nom de Le Diveat.

Quand elle le prononça devant le procureur du roi et le juge d'instruction, ces deux magistrats se regardèrent d'un air singulier.

— Je l'avais toujours pensé ! s'écria le juge.

— Je vous l'avais toujours dit ! exclama le procureur.

— Ah ! je ne m'étonne plus que le coup ait été bien mené !

— Je comprends maintenant pourquoi nous sommes restés deux ans sans rien découvrir !

— Vite en besogne et ne perdons pas de temps. Il est trois heures.

— Tartarin, dit le chef du parquet à un huissier qui se trouvait dans le vestibule, allez d'un saut me chercher le capitaine de gendarmerie. Au galop !

Alors, un troisième personnage, qui avait tenu la plume pendant l'interrogatoire de Maharit, la déposa d'un air capable sur son encrier, et fit cette réflexion familière :

— Nous aurons du bonheur, si on le pince.

— Pourquoi pas, maître Lemesle ? Il ne doit pas se méfler. A peine s'il connaît l'arrestation de Baudet. Il ne peut pas soupçonner que Maharit ait fait des aveux.

— Tralala ! messieurs, vous ne connaissez pas comme moi Gildas Le Diveat. Il a l'œil si perçant et l'oreille si fine que de Locqueltas, en faisant aller sa navette, il voit et entend tout ce qui se passe et tout ce qui se dit ici.

— Voyons, maître Lemesle, vous croyez à ces contes de bonnes femmes ?

— J'y crois sans y croire, répondit le greffier d'un air piqué. Vous m'en direz des nouvelles, puisque vous allez encore avoir affaire à lui. Voilà bien quarante-neuf ans que je fais le service à l'instruction, à la correctionnelle et à la cour d'assises ; j'en ai bien vu passer, mais de semblables à Le Diveat, jamais ! Croyez-en ce que vous voudrez, messieurs, mais ce n'est pas un homme naturel.

— J'avoue qu'il est étrange, dit le procureur, et il ne me déplaît pas de voir la superstition le surfaire, car il faut bien maintenant convenir que, depuis quinze ans, il nous...

— Roule... reprit le juge d'instruction. Lâchez le mot, il n'est que trop vrai. Oui, la première dénonciation portée contre lui, en 1832, était fondée ; oui, toutes les autres l'étaient ; oui, cinq fois je l'ai eu là, assis sur ce banc, toujours coupable, et moi toujours...

— Innocent... ajouta le procureur ; lâchez aussi le mot.

— Soit ; j'en conviens, je l'ai remis cinq fois en liberté ; et, quand il s'en allait en me disant : « Mon bon juge, je ne vous en veux pas, vous avez été trompé par les gendarmes ; je ne leur en veux pas non plus, mais ils ne peuvent me pardonner d'avoir déplanté M. Mopter, » ma parole d'honneur, j'étais prêt à lui faire des excuses.

— Moi aussi, dit le greffier, j'étais enchanté

de le voir partir. Il n'est pas sain d'être pris en haine par lui. Et puis, vous savez, l'odeur qu'il a, ça entête à la longue, quoiqu'elle ne soit pas ce qu'on appelle mauvaise.

— Bon, interrompit le procureur, voilà encore le surnaturel qui s'en mêle.

— Surnaturel ou non, je vous soutiens qu'il sent l'ambre, le musc, ce qu'on voudra, mais enfin qu'il a une odeur que personne n'a que lui. C'est connu qu'à Locqueltas tout le monde vient lui fourrer des mouchoirs dans ses poches, sous son oreiller...

— Pour les parfumer ?

— Oui, apparemment.

— Mais j'avais ouï dire qu'il sentait la martre, le furet, la belette et autres animaux de la même famille.

— Vous voyez bien, s'écria le greffier triomphant, vous le saviez comme moi !

— Oui, je l'avais souvent entendu répéter, mais je ne le croyais pas. D'ailleurs, hermine ou putois, fouine ou zibeline, cette fois il ne nous échappera pas.

— Ne vendez pas sa fourrure...

M. Lemesle fut interrompu au milieu de son proverbe par l'arrivée du capitaine de gendarmerie.

— Voilà, lui dit le juge d'instruction, un mandat d'amener contre Le Diveat. Il peut encore être exécuté aujourd'hui ?

— J'en réponds. Il est trois heures et demie à

peine. A quatre heures, à cheval ; à six heures,
à Locqueltas ; à six heures et quart, l'arrestation ; nous sommes en règle, puisque le soleil ne
se couche qu'à six heures et demie. D'ailleurs,
s'il faut tenir sa maison cernée jusqu'au point
du jour demain, mes hommes ne s'en plaindront
pas. Pas un d'eux qui ne donnât volontiers une
quinzaine de sa solde pour avoir l'honneur et le
bonheur de lui mettre les menottes. Quelle joie
dans les brigades ! Voilà tous leurs procès-verbaux réhabilités ! Mais, messieurs, est-ce bien
corsé cette fois, si vous me permettez de le demander ?

— Bien corsé. C'est Le Diveat qui a organisé
et probablement exécuté le crime de Pontsal.

— Adieu, messieurs.

Le capitaine partit joyeux. Le lendemain, il
envoya au parquet son procès-verbal constatant
que le mandat n'avait pu être mis à exécution,
car à leur arrivée à Locqueltas, à six heures du
soir, les gendarmes avaient appris que Le Diveat
avait quitté son domicile vers cinq heures. Rien,
d'ailleurs, dans sa maison, n'indiquait d'arran-
gements pris pour une longue absence. Les
agents de la force armée s'étaient placés en sentinelle aux environs et avaient gardé leurs
postes toute la matinée. La surveillance conti-
nuerait. Des ordres étaient envoyés de tous les
côtés. Les brigades se concertaient pour faire des
battues le jour et dresser des embuscades la nuit.
On avait confiance dans les mesures prises, etc.

Quand le procureur du roi eut parcouru ce rapport, il entra dans le cabinet du juge d'instruction.

— Mauvaise affaire, dit-il, Le Diveat est en fuite. Donnez-moi donc, je vous prie, des mandats d'arrêt, qui stimuleront encore mieux le zèle de la gendarmerie que les mandats d'amener.

— Je vais vous préparer ces mandats d'arrêt, répondit le greffier, qui avait pris à la longue l'habitude de parler pour le juge d'instruction, tant il s'était identifié avec ce magistrat par une collaboration intime et de tous les instants ; je vais vous les préparer, mais ne croyez pas que la prime de 14 francs attachée à leur exécution ajoute rien à l'ardeur des gendarmes. C'est une question d'honneur pour eux de prendre le prévenu ; ils y feront le possible et l'impossible ; seulement, ils ne le prendront pas.

— Voyons, enfin, dit le procureur impatienté, pourquoi ?

— Je vous l'ai dit hier : parce que ce n'est pas un homme naturel.

— Encore ! Eh bien, qu'est-ce donc ? reprit avec un certain emportement le chef du parquet, qui se campa devant M⁰ Lemesle, et le fixa dans les yeux ; qu'est-ce ? Que voulez-vous dire ?

Et il y avait dans son accent, dans son attitude, dans son regard, comme une lueur de soupçon.

— J'ai, monsieur le procureur du roi, que

cette énorme procédure que voilà, c'est moi qui
l'ai toute écrite de ma main, que je la connais
mieux que personne, et qu'elle contient un phé-
nomène qui me confond : c'est que depuis quinze
ans le Diveat gouverne à son gré le brigandage
des réfractaires dans le département ; qu'il est
surveillé par les sept brigades qui entourent Locqueltas, aux résidences de Vannes, Elven, Auray,
Grandchamp, Saint-Jean-Brevelay, Baud et Locminé ; que tous ces militaires, au nombre de plus
de cent, car plusieurs brigades sont doublées,
sans parler des détachements de Sainte-Anne,
de Plescop, de Meucon, de Plumergat, de Guénin, du Bignon, de Remungol ; que tous ces
hommes actifs, intelligents, passionnés à le surprendre en faute, ont la conviction de sa criminalité renouvelée chaque jour, et que pas un
indice précis à sa charge n'a pu être saisi. Il y a
bientôt un demi-siècle que je participe, ou du
moins que j'assiste à des informations, et, je
vous le répète, je n'ai jamais rien vu de semblable ni d'approchant. Vous venez de me regarder, monsieur le procureur, d'une façon assez
étrange ; je ne connais pas votre pensée, mais je
vais vous dire la mienne : la fuite de Le Diveat
est une déclaration de guerre à la justice ; il faut
connaître son ennemi, le vôtre est là dedans, li-
sez cette procédure avec soin : tenez maintenant
pour vrai tout ce que contiennent ces centaines
de procès-verbaux, et vous comprendrez quel est
cet homme. Dieu fasse qu'il ne se révèle pas

mieux encore à vous avant que vous ayez achevé votre lecture.

— Merci, mon brave maître, dit le chef du parquet, ému malgré lui et auquel la parole profondément convaincue et profondément honnête du vieux greffier donna comme un frisson, j'ai pleine confiance en vous ; je vais suivre votre conseil et j'emporte le dossier pour étudier notre ennemi.

Le procureur du roi trouva, dans les innombrables documents entassés dans cette procédure, tous les renseignements qu'il pouvait désirer.

C'est en la dépouillant moi-même que j'ai recueilli les détails qui vont suivre et qui, prenant Le Diveat à sa naissance, pour ainsi dire, le conduisaient jusqu'au 28 avril 1847, date du procès-verbal du capitaine de gendarmerie, duquel il résultait que le mandat décerné la veille contre le prévenu n'avait pu être mis à exécution.

Jusqu'au jour des déclarations de Maharit Baudet, on n'avait eu à son égard que des soupçons ; mais en apprenant que, dans la nuit du 13 au 14 novembre 1845, il avait organisé, en maître souverain des réfractaires, le crime de Pontsal, les ténèbres qu'il était parvenu à épaissir autour de lui, par des prodiges de ruses, se dissipèrent, toutes les suspicions, les méfiances, les dénonciations vagues dont il avait été l'objet, prirent un corps et devinrent d'irrécusables réalités.

Aux indications que fournissaient les inforniations officielles, j'ajoute mes souvenirs, tels qu'ils me reviennent, car j'ai vu bien des fois Le Diveat, et, sur tout ce qui a du rapport à son étrange personne, ma mémoire est fidèle.

Gildas Le Diveat était né le 17 août 1808, à Locqueltas, petite commune rurale des environs de Vannes. Ce village, situé sur une colline assez élevée, domine au loin la campagne couverte de bouquets d'arbres, de landes épaisses, de hauts champs de genêt, et çà et là émaillée de jolis bassins de culture, dans le fond des vallées.

Quand je vis Le Diveat pour la première fois, il avait environ 30 ans ; la dernière fois, il dépassait 68 ; et rien ne semblait indiquer le passage de ce long espace de temps. Son aspect n'avait pas d'âge.

L'absence presque complète de barbe, ses cheveux longs et plats, d'un blond fade, ses membres menus, je ne sais quoi de félin et de féminin répandu sur toute sa personne, faisaient même hésiter sur son sexe, et on aurait pu, n'était l'habit, le prendre pour une de ces lamentables mendiantes, minées par la maladie, fatiguées par la misère, usées par le jeûne, souvent par l'intempérance, fouettées et délavées par le vent et la pluie, telles qu'on les rencontrait, il y a moins d'un demi-siècle, aux carrefours des chemins de la Basse-Bretagne, où elles se creusaient dans les talus de la route des espèces de tanières.

Le Diveat était né précisément dans un de ces blockhauss de la mendicité. Il avait tendu ses mains suppliantes et harcelé de ses prières la charité des passants.

A l'âge de trois ou quatre ans, déjà sa mère l'envoyait au haut de la côte épier l'arrivée des voitures, et quand elles descendaient à fond de train, il fallait les suivre et faire la roue, en culbutant avec une rapidité vertigineuse sur ses pieds et ses mains. Il montait sur les plus hauts arbres pour cueillir des nids, et sa mère partageait avec lui d'horribles repas de petits oiseaux encore vivants. Il s'en allait la nuit, par les champs, autour des fermes, dans les jardins et les cours, exercer son maraudage sur les animaux domestiques, et, dans leur faim avide, ils en dévoraient les chairs crues. Plus tard, il dressa des pièges pour le braconnage ; il chassa à la manière des carnassiers, surprenant le gibier endormi, le forçant de vitesse dans les halliers, bondissant sur lui au passage.

Dans les rivières et les étangs, à plusieurs lieues à la ronde, il pêchait comme les sauvages ou comme les loutres, en détournant les eaux ou en s'y plongeant Grâce à son adresse merveilleuse, il aurait pu vivre, faire même quelques profits. Le malheur voulut que ses premiers gains fussent employés par sa mère à acheter de l'eau-de-vie. Elle se livra avec frénésie à cette passion, qui la tua bientôt. Le petit Gildas avait alors dix ans.

L'enfance qu'il avait menée, en développant chez lui des instincts de bête, marqua tout son être physique d'une frappante ressemblance avec les animaux. Le greffier Lemesle avait raison. On connaît cette race sanguinaire, subtile, qui grimpe, glisse et saute, aux dents aiguës, aux ongles pénétrants : Le Diveat était une grande fouine. Ce n'est pas là seulement une comparaison, c'est une identification de génie, dans une incarnation peu différente. Oreille en cornet, museau pointu, au haut pas de front, au bas pas de menton.

Les yeux surtout, jaunes, rouges, vermeils, vernissés et luisants, d'une couleur différente selon les reflets de la lumière et le feu intérieur de ses passions. Auprès de ces yeux, où une âme quelconque dardait son animalité, les yeux du faucon et du basilic, les yeux du chat-tigre, tous les yeux sont atones et morts. Le vieux greffier avait raison encore quand il parlait de son odeur, et, sous l'empire d'un sentiment violent, de la colère surtout, celle qu'il exhalait accusait bien sa parenté avec la famille des fouines.

Depuis l'âge de trois ans jusqu'à l'âge de dix ans, cet enfant, ce monstre, si l'on veut, nourrit sa mère, lui donna tout, et l'aima trop, puisqu'elle mourut victime du bien-être qu'il lui fit.

Le jour de l'enterrement, la vieille tante du curé le prit par la main et le conduisit au presbytère ; on lui enseigna à lire et à écrire. Il apprit le métier de tisserand. Il répondait la messe et devint bedeau de l'église. Il vivait fort paisible ; mais une fois ou deux par semaine, il se dérobait

la nuit et, avant le jour levé, il apportait à la
cure les plus belles pièces de gibier et de poisson
que produisait la contrée.

Il n'attirait en rien l'attention, pas même dans
le village de Locqueltas ; il fuyait les cabarets,
n'ayant jamais pu supporter le goût des liqueurs
fermentées ; le seul plaisir qui parût avoir du
charme pour lui était de s'enfoncer dans un épais
fourré, loin des fermes, du bruit, et il y passait
ses heures disponibles. Qu'y faisait-il ?...

Jusqu'en 1832, il n'avait pas eu de rapports
avec les réfractaires. Ce fut un incident bien singulier qui le mit en relations avec eux. Lors du
soulèvement provoqué dans l'Ouest par la présence de M<sup>me</sup> la duchesse-de Berry, le gouvernement envoya à Locqueltas, comme dans beaucoup
d'autres communes du Morbihan, un sous-officier
de gendarmerie, revêtu des pouvoirs de la police
judiciaire.

Le militaire qui vint à Locqueltas à la tête
d'une brigade, le maréchal des logis Mopter, était
renommé par sa force musculaire, son adresse et
son courage. Le 15 août 1832, ce fut dans ce
village qu'eurent lieu les luttes solennelles que
les jeunes gens du pays célèbrent chaque année,
dans une des communes du canton, alternative-
ment.

Mopter obtint de son lieutenant de Vannes
l'autorisation d'y prendre part.

Cet officier se rendit lui-même à Locqueltas.

Mopter lutta victorieusement contre tous les

champions qui se présentèrent. On allait lui adjuger le prix, consistant en trois beaux moutons.

La rumeur était grande et la honte aussi dans l'assemblée. Tout les athlètes bretons vaincus par un étranger, par un bleu, par un gendarme ! Il fallait cependant se résigner. Mopter était là, fièrement campé dans l'arène, attendant de nouveaux lutteurs. Le maire, comme personne ne demandait plus à se mesurer avec le vainqueur, se dressa sur son estrade et ordonna au tambour de ville de publier les bans. Après un premier roulement, il proclama la formule : « Quelqu'un veut-il s'empoigner avec M. Mopter ? » C'est la traduction littérale de la langue bretonne. Silence. Nouveau ban, nouvelle proclamation, nouveau silence. Le troisième roulement se fit entendre. A ce moment, Le Diveat s'avança et dit : « M. le maire, je déplanterai M. Mopter. » Il ôta sa veste, ses sabots et fit quelques pas dans la lice.

Dès qu'on le vit, des applaudissements éclatèrent. La foule sentit instinctivement en lui une nature électrique qui s'enflammait. Son attitude révélait sa force. Il était transfiguré. Mais il ressemblait plus que jamais à une énorme fouine.

Quand les deux champions furent bien en face l'un de l'autre, le maire leur cria : « Allez ! »

De ses poignets de fer, Le Diveat saisit les deux bras du brigadier, les repoussa en arrière, et, sans lui donner le temps de les ramener en avant, il le prit à la taille, appuya la tête sur sa poitrine, lui courba les reins comme un arbre qu'on brise, puis lui lâcha les bras et le laissa tomber à la renverse.

Mopter se releva promptement. Il prétendit qu'il y avait eu surprise. Des clameurs s'élevèrent de tous côtés pour protester.

Le maire eut peine à faire cesser le tumulte.

— Je veux parler ! lui dit Le Diveat.

Le silence se rétablit.

— Il n'y a pas eu surprise, ajouta-t-il, mais M. Mopter veut recommencer. Je recommencerai tant qu'il voudra.

Et s'adressant au maréchal des logis :

— Y êtes-vous bien, cette fois ?

— Oui, répondit l'autre.

Le Diveat bondit, lui entoura la taille de ses deux jambes et le cou de ses deux mains. Il était collé sur lui comme un gros lierre à un chêne. Tous les gendarmes jugeant cette position favorable à leur camarade, ne purent s'empêcher de lui crier : « Etouffe-le ! Etouffe-le ! » L'anxiété était extrême parmi la foule qui comprenait aussi le danger de son champion. Elle poussait des exclamations confuses. Un instant les deux hommes restèrent liés ensemble, chacun faisant son effort contre l'autre : Mopter de ses bras étreignait les flancs de Le Diveat, et Le Diveat serrait le cou de Mopter. C'était à qui réduirait le plus vite son adversaire en le privant de respiration. Lutte peu académique, dira-t-on. Elle était telle. Le temps qu'il a fallu pour faire cette réflexion,

et les lutteurs se séparaient, Mopter croulait
affaissé sur le sol, Le Diveat faisait un bond en
arrière et tombait d'aplomb sur ses pieds.

Dire les cris d'enthousiasme qui retentirent
serait impossible.

Cependant le maréchal des logis, dont le visage
était congestionné, les yeux injectés de sang,
parvenait à se relever au moment où son lieutenant s'élançait vers lui. Il chancelait et avait les
mouvements hésitants d'un homme ivre. Mais sa
robuste constitution reprit encore le dessus, il
retrouva la fixité sur ses jambes, et, cet étour-
dissement passé, toute son énergie lui revint. Ses
camarades l'entouraient et leur attitude témoi-
gnait de leur douloureuse solidarité avec le
vaincu. Ils voulurent l'emmener, avec le secret
désir, cependant, qu'il tentât encore une épreuve,
si désespérée qu'elle parût.

Telle était aussi sa volonté.

— Lieutenant, dit-il, laissez-moi essayer une
dernière fois.

— Oui, ajouta un des gendarmes ; mais il faut
voir si ce gringalet n'a pas quelque chose sur
lui.

Il faisait allusion à un sortilège, à une amulette,
un sort, n'y croyant peut-être pas, mais sachant
que les paysans, les vieux du moins, les femmes,
les enfants, y croyaient.

Tous les gendarmes saisirent avidemment cette
idée où ils entrevirent une explication possible de
la défaite de leur frère d'armes.

Le lieutenant s'associa au même sentiment, et s'élançant vers le maire, qui n'avait pas encore quitté son estrade :

— On prétend, dit-il, que Le Diveat a un sort sur lui.

Ce bruit courut immédiatement dans la foule et l'agita en sens divers.

Le Diveat, avec cette prompte lucidité d'esprit qui était admirable en lui, comprit de suite ce qu'il avait à faire. Il connaissait les superstitions qui avilissent l'esprit des campagnes. Si la lutte en restait là, on croirait qu'il avait fait un pacte avec le diable, auquel il ouvrait sans doute la nuit les portes de l'église. Mais, en fait, il avait, suspendue à son cou, une médaille que sa mère mourante lui avait donnée, et que cette pauvre mendiante avait trouvée elle-même dans les champs. Elle l'avait fait percer, voilà bien des années, par le charron du village, et l'avait portée jusqu'à son décès. C'était une large pièce de monnaie de bronze, à l'effigie d'un empereur romain d'un côté et portant de l'autre des caractères à demi effacés auxquels l'usure donnait un air cabalistique.

Avant d'être interrogé, Le Diveat sauta sur l'estrade.

— Monsieur le maire, dit-il, j'ai sur moi une médaille. La voilà.

Et la prenant sous sa chemise, il l'éleva dans sa main pour que tout le monde la vît.

Un moment d'hésitation et d'incertitude se

marqua dans l'assemblée ; puis des cris confus s'élevèrent ; puis la protestation des gendarmes domina celle des jeunes gens et cet incident paraissait tourner en leur faveur.

Le Diveat reprit :

— Monsieur le maire, si c'est à la médaille que je dois d'avoir déplanté M. Mopter, je conviens que ce n'est pas de bon jeu, et j'offre de recommencer. Je suis prêt.

Et il fit le geste de descendre de l'estrade. Mais, alors, le gendarme, qui avait fait le premier l'objection, s'écria :

— Halte-là ! Vous en aviez une, vous pouvez en avoir deux.

— Je n'en ai pas d'autre.

— Il faut voir. Je demande, monsieur le maire, qu'on le fouille.

— Oui, oui ! crièrent tous les militaires en chœur.

C'est ce mot qui changea les destinées de Gildas Le Diveat. Il ressentit comme un soufflet reçu en public ou plutôt comme la brûlure d'un fer rouge qui vous percerait le diaphragme, ce démenti qui, pour sa justification, allait l'obliger à se laisser mettre à nu.

On vit alors, pour la première fois, la métamorphose de cet homme en bête. Sous l'empire d'une colère féroce, ses jarrets fléchirent et rapprochèrent son torse de la terre, où il appuya ses deux mains, son dos se voûta, sa tête dressée s'agitait convulsivement, ses lèvres frémissantes

laissaient voir des dents aiguës qui s'entrechoquaient, ses cheveux flottants se hérissaient
comme une crinière, et l'avatar était complet de
l'être humain en une monstrueuse fouine qui va
bondir sur sa proie.

Posé dans cette attitude sur l'estrade, son
aspect était formidable. Tous les gendarmes
eurent le pressentiment qu'un troisième assaut
serait funeste à leur camarade. Cependant la partie était engagée et l'on ne pouvait s'en dédire.

— Qu'on le fouille, qu'on le fouille ! criaient-
ils encore pour faire bonne contenance.

— Soit ! répondit Le Diveat, qui se redressa et
reprit sa forme habituelle.

Et descendant de l'estrade il marcha entre le
maire et le lieutenant, jusqu'à une grange voisine,
où il ôta son pantalon et sa chemise, en vue de
tous les curieux qui les avaient suivis. On vit son
corps blanc, couvert de duvet, ses membres
grêles qui ne faisaient saillir ni veines ni muscles.
On n'y découvrit aucunes marques ou tatouages,
rien de ce qui eût pu indiquer des pratiques superstitieuses. Il n'avait d'ailleurs sur lui pas d'autre
médaille que celle qu'il avait remise au maire.

— Me croyez-vous, maintenant ? dit-il d'un ton
haineux au lieutenant, en remettant sa chemise
et son pantalon. Marchons donc.

On le plaça en présence de Mopter. Il en était
à une grande distance, dix mètres peut-être. Il ne
bougeait pas. L'anxiété de tous était extrême.
Qu'attendait-il ?

— Qu'attends-tu, Gildas? lui dit enfin le maire.

— J'attends vos ordres, car je veux que vous commandiez ce qui va arriver.

— Allez donc! cria le maire.

Le Diveat reprit progressivement, mais rapidement toutefois, cette pose de la fouine, et soudain, comme un ressort d'acier qui part, il bondit aux pieds de son adversaire, le repousse de la poitrine, le saisit à la taille, l'enlève de terre, le balance au-dessus de sa tête et le précipite contre le sol, où le corps du brave et malheureux Mopter, qui n'avait pu opposer aucune résistance à cette attaque fulgurante, resta inerte.

Un cri extraordinaire, cri mêlé de joie, d'orgueil et de vengeance satisfaite, sortit du cœur de la multitude. Gildas Le Diveat venait d'être sacré glorieux aux yeux de ses compatriotes, car ce qu'ils prisent le plus haut c'est la force physique.

Il emmena ses trois moutons, et, suivi de la foule enthousiaste, il alla offrir le plus beau à M. le curé, tandis que les gendarmes emportaient leur pauvre maréchal des logis, qui ne survécut que quelques heures.

Le lendemain, dans l'après-midi, Gildas était paisiblement assis à son métier, quand on vint l'arrêter, en vertu d'un mandat délivré par le juge d'instruction de Vannes. La gendarmerie ou plutôt le lieutenant, d retour à sa résidence, avait dressé procès-verbal des incidents de la lutte, et la couleur qu'il leur donna avait fait

penser aux magistrats qu'il pouvait y avoir eu soit
meurtre prémédité de la part de Le Diveat, soit
blessures volontaires ayant occasionné la mort
sans intention homicide. L'information commença
sur cette base d'inculpation ; mais elle ne put s'y
maintenir, car, à cette époque, la jurisprudence
tutélaire que devait inaugurer sur le duel la cour
de cassation, quelques années plus tard, sous
l'inspiration de M. le procureur général Dupin,
n'était pas encore née. Le prévenu fut donc, de
ce chef, l'objet d'une ordonnance de non lieu ;
toutefois, on le renvoya devant le tribunal de police correctionnelle pour fait d'homicide par imprudence, vague qualification qui avait plutôt
pour but de donner satisfaction à la gendarmerie qu'à la loi.

Le Diveat fut acquitté par le tribunal de Vannes,
où siégeaient alors deux hommes d'un rare mérite,
unis par des liens de famille, et qui, durant un
demi siècle, ont été comme la décoration du bar-
reau et de la magistrature bretonne.

Sur l'appel, la cour de Rennes confirma la décision des premiers juges, et Le Diveat était libre,
le 19 décembre 1832.

Mais il avait subi une détention de quatre
mois, il était ulcéré contre les gendarmes qui
avaient réclamé ces poursuites. Il reprit donc
son existence paisible, en apparence ; et, en réalité, sa vie était changée. Il se mit en relations
avec les réfractaires. La haine violente qu'il avait
conçue contre les agents de la force publique

depuis ces tribulations judiciaires, fut l'unique mobile de sa conduite, du moins dans les commencements.

Le jour, assis à son métier, il tissait sa trame de chanvre et de lin ; la nuit arrivée, il commençait à en ourdir une autre, s'en allant de ci, de là, recueillir un renseignement, donner un avis, porter un mot d'ordre, concerter un coup de main.

A la première lueur de l'aube, revenu à Locqueltas, il sonnait l'angelus, et M. le curé le trouvait toujours prêt pour les messes, baptêmes, mariages et enterrements. Il tenait fort bien sa petite église, s'acquittant des exercices de sa liturgie subalterne avec une assiduité exemplaire et une componction édifiante. De tous ses concitoyens, le digne prêtre dont il était l'auxiliaire et presque le coopérateur, eût été le dernier à soupçonner cette vie en partie double, qu'il mena, depuis le 19 décembre 1832, jour de sa mise en liberté, jusqu'au 28 avril 1847, date du dernier mandat lancé contre lui à l'occasion du crime de Pontsal.

Néanmoins, quelle que fût l'épaisseur du mystère dont il sut s'entourer, certaines lueurs se faisaient parfois dans son ombre. Un gros dossier le concernant s'édifiait au parquet de Vannes. Il fut bien souvent signalé à la justice, mandé, interrogé, impliqué dans des poursuites criminelles ; mais des ordonnances de non-lieu à suivre étaient toujours intervenues en sa faveur.

Il avait été cinq fois détenu préventivement, sans que ces inculpations eussent jamais abouti à son renvoi en cour d'assises ou en police correctionnelle.

Dans l'année 1840, il fut l'objet d'une instruction particulièrement grave et subit une arrestation qui se prolongea pendant sept mois. Ces mesures intervinrent dans les circonstances que voici, qui composent un des incidents les plus tragiques de son étrange existence.

Le préfet du Morbihan, qui avait sa police, parallèle à celle des magistrats judiciaires, et qui recevait des fonds spéciaux pour surveiller les réfractaires, le préfet que les mauvaises langues inculpaient sournoisement d'entretenir le mal de peur de voir supprimer le remède, le préfet, qui faisait cependant de son mieux, qui aurait préféré l'honneur à l'argent et la gloire de détruire ce fléau départemental aux profits que sa continuation aurait pu lui valoir, le préfet enfin avait acquis la conviction, par le rapprochement habile de mille indices, que les efforts des gendarmes étaient déjoués et l'unité d'action des réfractaires dirigée par une influence occulte, qu'il chercha d'abord dans les châteaux où elle n'existait plus à cette époque, et dont il finit par localiser le siège à Locqueltas même. Il s'achemina, de déductions en déductions, jusqu'à Le Diveat.

Il fixa là sa conviction. Elle était complète, absolue, fougueuse comme le personnage lui-même ; elle était vraie aussi, mais il fallait la démontrer. Il obtint cinq fois des mandats de dépôt contre le prévenu, qu'on était toujours obligé de remettre en liberté, faute de preuves. A peine Le Diveat était-il libre, que le préfet demandait encore qu'on l'incarcérât. Mais les magistrats instructeurs, comme les chasseurs en général, n'aiment pas faire buisson creux.

— Des preuves, disaient-ils.

— Mais chaque arrestation de Le Diveat, répondait le préfet, vous en donne une nouvelle, car pendant que vous l'avez sous les verrous, les réfractaires se tiennent tranquilles, et dès que vous le relâchez, ils recommencent.

— Ce n'est qu'une preuve morale, cela, répliquaient les magistrats judiciaires, il en faut d'autres.

C'est pour s'en procurer que le préfet imagina d'employer sur les lieux un ancien militaire nommé Le Drogo, auquel il donna un débit de tabac à Grand-Champ, qui n'est distant que de trois kilomètres de Locqueltas.

Le Drogo avait deux fils et une fille, la petite Maria, âgée de cinq à six ans. L'un des fils, Yvon, avait servi comme son père, et depuis sa libération, qui remontait à quelques semaines seulement, il se trouvait près de lui. L'autre, Jobic, était encore à l'armée à cette époque. Leur père était un Bleu, un vieux serviteur de l'État qui ne déguisait ni sa haine ni son mépris

des réfractaires, et il avait inspiré les mêmes
sentiments à sa famille.

Pour remplir la mission qu'il avait acceptée
du préfet, il envoyait, soir et matin, Yvon en
embuscade près de la demeure de Le Diveat, de
manière à s'assurer des heures auxquelles celui-
ci sortait de son domicile et y rentrait. Quand il
eut acquis la certitude de ses absences nocturnes,
il le suivit deux ou trois fois lui-même et constata que les samedi et mardi de chaque semaine,
entre minuit et une heure, il avait rendez-vous
avec les cinq ou six chefs de bandes de la région.

Il dressa de ses observations un rapport qu'il
chargea son fils d'aller porter au préfet dans la
soirée du 17 janvier 1840.

Il croyait avoir agi dans le mystère, mais Le
Diveat le surveillait autant qu'il en était surveillé. Celui-ci avait mainte fois aperçu Yvon en
embuscade et avait passé à quelques mètres de
lui sans rien témoigner. Il avait bien remarqué
le père aussi quand il le suivait à ses rendez-
vous. Il était même allé souvent dans les ténèbres
surprendre leurs conversations, et, grimpant
alors au haut de leur maison, il se servait du
tuyau de la cheminée comme d'un tube acous-
tique.

Yvon, le soir où il partit à cheval pour porter
au préfet le rapport, devait passer sur le pont
de Mès-Guen, qui est jeté sur un torrent large et
profond. Cette gorge est encombrée d'énormes

blocs de pierres que le passage furieux des pluies d'orages arrondit de son éternel lavage. On dirait, quand les eaux sont basses, de gigantesques boulets et l'arsenal des projectiles d'une armée de Titans.

Quand Yvon, engagé sur le pont, en eut parcouru la moitié, son cheval s'effraya d'une grosse bourrée d'épines qui roula entre ses jambes, la lame d'un couteau s'enfonça dans sa croupe, et l'animal, éperdu d'épouvante et de douleur, bondit pardessus le parapet et alla se broyer avec son cavalier dans le ravin.

Le Diveat se glissa comme une couleuvre, descendit parmi les blocs, s'assura qu'Yvon était bien mort et enleva le rapport.

Ce crime avait été accompli sans bruit, sans témoin, et la blessure du couteau disparut dans l'écrasement du cheval.

Mais Le Drogo père dirait qu'un seul homme avait eu intérêt à faire disparaître le rapport. Il fallait y pourvoir.

A cet effet, Le Diveat alla prendre un cheval dans une ferme éloignée dont le maître était un de ses dévoués, et revint lentement vers Grand-Champ. Il calcula le temps qu'il aurait fallu à Yvon pour se rendre à Vannes et en revenir. Il s'approcha alors de la demeure de Le Drogo qui, entendant à cette heure de la nuit venir un cheval, ne douta pas que c'était son fils au retour. Il ouvrit donc la porte de sa maison, prit la bride et s'avançait vers l'écurie, quand il tomba foudroyé, sans pousser un cri, le crâne brisé d'un coup de pierre.

Le Diveat entra dans la maison et écouta : la petite Maria dormait.

Il prit le chapeau de voyage, le manteau, le bâton de Le Drogo, boucla autour du cadavre la ceinture de cuir dans laquelle le défunt avait l'habitude de serrer ses économies, referma la porte, mit la clef dans la poche du mort, chargea le tout sur son cheval et revint au pont de Mès-Guen, d'où il jeta ces dépouilles dans le torrent, juste à l'endroit où gisait Yvon, de sorte que le corps du père et celui de son fils étaient l'un contre l'autre, comme s'ils avaient été entraînés à la fois dans la même chute.

Avant le jour, Gildas Le Diveat était rentré à Locqueltas et sonnait l'angelus à la minute précise.

Vers huit heures du matin, la jeune Maria Le Drogo, effrayée de ne voir ni son père ni son frère, donna l'éveil par ses cris. On fit venir le forgeron voisin, qui ouvrit la porte, et on constata la disparition des objets que Le Diveat avait emportés pour faire croire à une absence naturelle. Dans les premiers instants, on ne conçut donc pas d'inquiétudes, bien qu'on ne s'expliquât pas ce départ sans motifs connus et qui laissait la petite fille à l'abandon. On se livrait à diverses conjectures, quand le bruit se répandit qu'on avait découvert les cadavres dans le torrent. Les gendarmes s'y rendirent en toute hâte, et, après la constatation de l'identité des deux corps, le brigadier monta à cheval pour aller porter la nouvelle à Vannes.

Il entra d'abord à la préfecture, qui se trouvait sur son passage, en arrivant en ville.

Aux premiers mots, le préfet s'écria : **C'est Le Diveat !**

Le brigadier ne comprit point, car il ignorait que le préfet, organisant une police occulte, avait placé Le Drogo à Grand-Champ dans le but de surveillance que nous savons. Ce haut administrateur n'avait pas cru devoir faire connaître à la gendarmerie et aux magistrats instructeurs cette mesure dont ils auraient peut-être pris ombrage. Il y avait d'ailleurs été autorisé par les ministres de l'intérieur et de la justice. Mais il ne s'en trouvait pas moins dans un certain embarras. Il avait la conviction que ce nouveau crime était l'œuvre manifeste de Le Diveat et il ne pouvait l'exprimer sans qu'on lui en demandât la raison.

— Brigadier, dit-il, je vous accompagne chez M. le procureur du roi ; mais n'avez-vous pas d'autres renseignements à me fournir ? Vous m'avez dit que c'était Le Diveat ; sur quoi vous fondez-vous ?

— Il me semble que c'est vous, monsieur le préfet...

— C'est vrai, brigadier, nous avons eu la même pensée en même temps, ou plutôt vous l'avez eue avant moi, car elle a dû vous venir en présence

des cadavres. Qu'est-ce qui vous a révélé la main
de notre ennemi dans cette nouvelle boucherie ?
Je dis notre ennemi, car on ne peut pas aimer la
gendarmerie sans exécrer Le Diveat. Eh bien, ça
a sauté aux yeux tout de suite, n'est-ce pas, que
c'est lui encore qui a fait le coup ?

— Monsieur le préfet, on doit le penser, je le
pense peut-être, nous le pensons dans l'arme,
mais rien jusqu'ici n'a été appris de positif.

— Voyons, positif ou non, que sait-on à la
charge de Le Diveat ?

— Rien, mon préfet.

— Diable, allons chez le procureur.

Au parquet, le premier fonctionnaire du département recommença le même jeu, en voulant
faire dire aux autres ce que lui seul pouvait
savoir ; mais il lui répugnait toujours de révéler
le rôle qu'il avait fait jouer à Le Drogo et de
prendre sa part de responsabilité dans la tragédie
qui l'avait terminé.

Il pria le brigadier de les laisser un moment,
et, en présence du procureur et du juge d'instruction, qui avait été appelé, il dévoila la situation,
non sans quelque confusion de s'être caché d'eux.

Ce n'était pas le moment des récriminations,
en supposant qu'il y eût lieu d'en faire. Cet
assassinat, que les magistrats instructeurs n'hésitèrent pas, d'après les révélations du préfet, à
imputer comme lui à Le Diveat, qui seul y avait
intérêt, allait avoir un grand retentissement, et
les exigences de la sécurité publique réclamaient

l'arrestation immédiate du prévenu. Il fut donc résolu sans débats qu'il serait mis une fois de plus sous les verrous, et, cette fois, on pouvait concevoir le légitime espoir que l'impunité ne serait pas acquise au coupable.

— Il faut agir promptement, dit le préfet.

On fit rentrer le brigadier.

— Nous allons, lui dit le juge d'instruction, partir sans retard pour Grand-Champ ; mais précédez-nous, voilà un mandat contre Le Diveat, arrêtez-le, conduisez-le au pont de Mès-Gaen, sans toutefois le mettre en présence des cadavres, recueillez tous les indices qu'il vous sera possible, dressez la liste des témoins que je devrai entendre sur les lieux, et mettez à notre disposition tous les gendarmes que vous avez sous la main ; nous vous suivons ; annoncez notre arrivée dans la foule, et n'omettez pas de rappeler, sans en avoir l'air, qu'il y a des peines contre ceux qui mentent à la justice, afin que chacun se tienne pour averti.

Le brigadier était de retour à Grand-Champ à quatre heures de l'après-midi. C'était le 18 janvier. Il commençait à faire nuit. Il s'arrêta à la caserne un instant, prit avec lui les trois gendarmes qui s'y trouvaient et se rendit à Locqueltas. Ils regardèrent à travers la lucarne du rez-de-chaussée et virent Le Diveat à son métier de tisserand. Ils armèrent leurs pistolets et entrèrent.

— Vous venez m'arrêter, messieurs, dit l'inculpé, je vous attendais, car c'est mon lot

de payer pour les autres, et, cette fois-ci même,
je payerai encore, quoiqu'il n'y ait, dit-on, aucun
coupable. Remarquez seulement, monsieur le
brigadier, qu'il est cinq heures et trois minutes,
comme vous pouvez le voir à cette horloge, qui
va avec l'église, car je les règle ensemble au soleil, et qu'il fait nuit close depuis un bon moment.
Je veux que cela soit inscrit dans votre procès-
verbal ; et maintenant, je vous suis.

Le brigadier lui fit mettre les menottes, mais
Le Diveat lui dit :

— C'est inutile.

— Je n'ai pas d'ordre à recevoir de vous.

— Ce n'est pas un ordre, c'est une observation.
Voyez.

Et il lui montrait des yeux les menottes qui
étaient tombées sur le sol. Il les avait secouées
de ses poignets, à peu près comme les priseurs
font de quelques grains de tabac restés au bout
de leurs doigts.

Le brigadier n'était pas content et sa colère
s'exala dans un juron.

— Laissez-le, brigadier, murmura un vieux
gendarme, espèce de philosophe observateur, à
qui une longue pratique des accusés avait donné
une profonde expérience. Laissez-le nous suivre
librement, il est encore sûr de son affaire cette
fois-ci, et ne s'échappera pas. D'ailleurs, le meilleur moyen n'est pas d'enchaîner ces gaillards-là.

— Qu'y a-t-il donc de mieux ?

— Tenez, brigadier, on leur enlève les bretelles, on leur fend par derrière leur pantalon, qu'ils sont obligés de retenir avec les mains et qui, quand ils veulent filer, leur retombe sur les jambes. Voulez-vous voir ?

Le Diveat, en entendant cette proposition du vieux gendarme, ébaucha la métamorphose de l'homme en fouine, qui était chez lui le signe de la colère et la préparation au combat ; mais heureusement que le brigadier qui, vexé de l'insuccès des menottes, ne l'aurait pas été moins de reconnaître la supériorité de son sous-ordre, se hâta de répondre :

— Non ! En route. Moi devant, vous, Briquet, à droite ; vous, Thonin, à gauche ; vous, Loiseau, derrière ; et vous, l'ami, entre nous quatre.

Cet ordre profond, qui était en petit le célèbre carré de Bonaparte aux Pyramides, ne pouvait guère garder sa symétrie dans les chemins affreux qui menaient de Locqueltas à Grand-Champ ; mais il n'en produisit pas moins son effet quand la foule, qui stationnait encore sur le pont de Mès-Guen, et que les agents de la force publique tenaient à grand'peine éloignée des cadavres, vit arriver Gildas Le Diveat ainsi escorté.

Le sentiment universel fut que les gendarmes l'avaient encore empoigné parce qu'il avait déplanté M. Mopter.

A sept heures, les magistrats de Vannes arrivèrent avec M. le préfet. Il faisait nuit noire. On alluma des fascines de bois résineux et la scène s'éclaira.

Le Diveat, selon les ordres donnés par le juge d'instruction, n'avait pas encore été mis en présence des morts. Quand les torches furent convenablement disposées, on l'emmena. Jusque-là, les magistrats s'étaient abstenus de faire procéder à la levée des corps, afin de remplir sur place la formalité de la confrontation du prévenu avec les restes des victimes.

— Connaissez-vous ces deux hommes ? demanda le juge.

— Oui, monsieur : Le Drogo père et son fils Yvon.

— Étiez-vous leur ami ?

— Non.

— Leur ennemi ?

— Non.

— Alliez-vous quelquefois chez eux ?

— Jamais.

— Pourquoi ?

— Ils vendaient du tabac et je n'en use pas.

— Leur connaissiez-vous des ennemis ?

— Oui.

— Qui donc ?

— Les réfractaires.

— Pourquoi ?

— Parce qu'ils les espionnaient.

— Pour qui ?

— Pour M. le préfet, que voilà.

— Qui vous l'a dit ?

— François Gicquello.

— Quand ?

— Le 13 de ce mois.

— Où ?

— Chez moi.

— Qu'allait-il faire chez vous ?

— Me demander de la toile à acheter.

— Lui en avez-vous vendu ?

— Non.

— Pourquoi ?

— Parce que la loi défend d'aider les réfractaires.

— D'où François Gicquello savait-il que Le Drogo surveillait les réfractaires ?

— De la préfecture, m'a-t-il dit.

— La préfecture est donc trahie aussi ?

— Espionne et espionnée, il paraît.

— Où avez-vous passé la nuit d'hier ?

— Chez moi.

— A quelle heure êtes-vous rentré ?

— Je ne suis pas sorti.

— Qui vous a vu ?

— Tous ceux qui ont passé devant ma maison, j'étais à mon métier.

— Jusqu'à quelle heure ?

— Neuf heures.

— Et puis ?

— Je me suis couché.

— Vous n'aviez personne autre chez vous ?

— Personne.

— A quelle heure vous êtes-vous levé ?

— A cinq heures.

— Qui le prouve ?

— Ma chandelle allumée à mon métier

— Et puis ?

— J'ai sonné l'angelus.

— Et puis ?

— Quoi ?

— Quand avez-vous appris le crime ?

— A trois heures aujourd'hui.

— Par qui ?

— Par la rumeur dans la rue.

— A qui l'attribuait-on ?

— Aux réfractaires.

— Pourquoi l'auraient-ils commis ?

— Pour se venger de l'espionnage.

— Comment pensez-vous qu'on l'ait commis ?

— Je l'ignore.

— Enfin, votre idée, Le Diveat ?

— Je crois, monsieur le juge, qu'ils auront été près de la demeure des Le Drogo, qu'ils les auront attirés dehors sous un prétexte, qu'ils les auront tués, puis chargés sur le cheval et seront venus les jeter du haut de ce pont où les voilà : le fils premier, le cheval second et le père ensuite ; car, d'après ce que je vois, c'est ainsi que les trois ont dû être précipités.

— On va procéder à la visite des corps, dit le juge.

Le médecin qu'on avait emmené de Vannes, aidé des gendarmes et de deux ou trois paysans qui furent requis, dépouillèrent de leurs vêtements les deux victimes, et, à la stupéfaction des magistrats, l'homme de l'art constata qu'elles n'avaient d'autres blessures que celles évidemment occasionnées par la chute.

La présence de la ceinture de cuir que portait le père et qui contenait 475 francs en diverses monnaies d'or et d'argent, n'était pas moins inexplicable.

On remarqua aussi que les habits dont le fils était revêtu indiquaient qu'il les avait mis en vue d'une cérémonie quelconque, car ce n'étaient pas ses hardes de travail, de même que le manteau, le chapeau, le bâton du père semblaient prouver que c'était dans le cours d'un voyage que la catastrophe s'était produite.

Toutes ces constatations furent longues, minutieuses, et les magistrats s'attendaient à voir, d'un instant à l'autre, sortir de la foule, qu'on avait laissée insensiblement s'approcher, quelque révélation qui serait pour eux un fil conducteur. Ils étaient profondément ébranlés dans leur conviction première de l'existence d'un crime. Ils avaient cru que cette certitude éclaterait d'évidence et qu'ils n'auraient plus qu'à rechercher et à saisir le criminel. Dès le début de l'information, ils se heurtaient à un doute qui la détruisait dans sa base. Un accident était aussi facile, pour le moins, à expliquer, qu'un assassinat.

La foule était anxieuse et agitée. A cette agitation réelle qui la remuait, se joignait la mobilité fantastique des fumées noires et des éclats de lumière rouges que jetaient les branches de pin flamboyantes. Un grand feu de broussailles et d'ajoncs, que les spectateurs, pour se réchauffer, avaient allumé au milieu du vieux pont de pierre de Mès-Guen, rivalisait avec les torches résineuses. Ces flammes mouvantes, mêlées d'ombres blafardes et de reflets ardents, donnaient une étrange animation à ce tableau, dont elles semblaient faire danser les personnages.

Mais les investigations de la justice étaient terminées. Elles n'avaient rien rendu. Les magistrats instructeurs, en présence de cette déception, restaient impassibles. Pour le préfet, bien autrement engagé dans l'affaire, il frémissait d'impatience et donnait un libre essor à sa nature bouillante. Et pourtant le dépit, disons le courroux qu'il ressentait, de voir Le Diveat lui échapper, dans la conviction où il était, malgré tout, qu'il n'y avait pas d'autre auteur du double meurtre, ce sentiment tumultueux faisait place, par moment, à une réflexion calmante, et il se disait alors que si, en définitive, on n'avait qu'une catastrophe accidentelle à déplorer, il serait exonéré de toute responsabilité morale, de sorte que, pour sa tranquillité de conscience, mieux valait l'hypothèse d'un malheur que celle d'un crime. Mais cette dernière impression, bien que meilleure et plus humaine, ne faisait que lui traverser l'esprit, tandis que la première l'assiégeait en permanence.

N'y pouvant plus tenir, avec cette fougue puissante qui le caractérisait, il se mit à apostropher tous ces gens qui, sur le pont, sur les flancs

du ravin et jusque dans les rangs du cortège de
la justice, formaient un cercle autour des cadavres. Il les adjura avec véhémence de déclarer
ce qu'ils savaient, car ils devaient savoir.

— Le crime, disait-il, avait été commis par
plusieurs, des hommes comme les Le Drogo
avaient dû se défendre, des cris avaient été poussés, les meurtriers n'étaient pas des êtres chimé-
riques, on les avait nécessairement vus avant,
pendant, après le crime... Allons, parlez!

Silence complet.

Alors s'adressant directement à Le Diveat, il
le somma de dire ce qu'il savait.

— Mais je ne sais rien, monsieur le préfet, lui
répondit tranquillement l'inculpé.

— Eh bien, au moins, qu'en pensez-vous?

Le procureur du roi et le juge d'instruction ne
croyaient pas devoir intervenir ; non seulement
parce que le préfet leur en imposait un peu par
l'élévation de ses fonctions et l'énergie de sa parole, mais aussi parce qu'ils espéraient que ce
mode primitif d'information criminelle, qu'ils
n'auraient pas osé adapter à leur propre usage,
pourrait, qu'en savait-on? faire jaillir un trait
de lumière.

— Je pense, répliqua Le Diveat, que je me
suis trompé tout à l'heure : ce ne sont pas les
réfractaires qui ont donné la mort à ces deux
malheureux. Ils ne sont pas gens à oublier
475 francs dans la ceinture de ceux qu'ils tuent.
Je ne crois pas non plus qu'il y ait eu meurtre,

parce qu'il n'y a pas eu lutte, puisqu'il n'y a pas
de blessures, et que Maria n'a pas entendu de
cris. Tout concourt, au contraire, à faire croire
à un accident; mais pour vous dire comment il
s'est produit, il faudrait d'abord connaître les
habitudes des Le Drogo, et je les ignore tout à
fait.

— Qui vous a dit que Maria n'avait rien entendu?

— C'était le bruit du village.

— L'avez-vous interrogée elle-même?

— Non. Mais vous pouvez le faire, monsieur
le préfet, car elle est ici, la voilà.

Un mouvement se fit dans la foule et la jeune
Maria fut poussée dans le cercle de lumière au
centre duquel se trouvaient les magistrats.

C'était une fillette de cinq à six ans, ai-je dit,
pleine d'une charmante grâce timide et un peu
effarouchée, toute rose et les joues rebondies.

— Mon enfant, lui demanda doucement le
préfet, avez-vous entendu quelque bruit?

— Aucun.

— Est-il venu des étrangers chez vous ces
jours derniers?

— Non.

— Saviez-vous que votre père et votre frère
devaient aller faire un voyage?

— Non.

— Connaissiez-vous Le Divent?

— Oui.

— Où l'aviez-vous vu?

— A l'église.

— Venait-il quelquefois dans votre maison?

— Jamais.

— Parlait-on de lui chez vous?

— Oui, souvent papa et Yvon en parlaient.

— Quand cela?

— Le soir, après dîner.

— Que disaient-ils?

— Ils ne l'aimaient pas et parlaient aussi de M. le préfet en même temps.

— C'est bien, mon enfant, nous remettons à plus tard la fin de votre déposition, car vous devez être bien fatiguée de cette horrible journée.

Les magistrats regagnèrent Vannes, après avoir donné des ordres pour que les deux corps fussent déposés à la maison de ville et inhumés selon les formes habituelles. Le médecin avait constaté que l'examen auquel il s'était livré ne pouvait fournir d'autres indications que celles qui sont déjà connues. Il concluait à un accident, à une chute fortuite, du pont dans le ravin.

Toutefois, la déclaration faite par la petite Maria, touchant les conversations qui se tenaient dans sa demeure sur le compte de Le Diveat, parut suffisante pour faire maintenir l'arrestation de celui-ci. On espérait que les nombreux témoins qui restaient à entendre fourniraient des indications plus concluantes.

Lorsqu'on l'emmenait, Le Diveat, en passant près de sa maison, pria les gendarmes de lui permettre d'y entrer pour prendre quelques nippes et faire quelques recommandations à la vieille femme, nommée Magdeleine, qui gardait son domicile en son absence.

.Il y fut autorisé.

— Magdeleine, dit-il, je vais à Vannes. Quand reviendrai-je ? Je l'ignore. Ayez soin de la petite Maria, qui reste sans personne au monde. Vous savez que ma bourse est là dans le trou du mur, derrière la pierre. Il y a 350 francs. Employez-les aux besoins de l'enfant. Si elle consent à rester ici, gardez-la avec vous. Si elle veut aller ailleurs, faites sa volonté.

— Et vous, Gildas, vous n'emportez rien ?

— Je n'ai besoin de rien. Vous savez, quand je suis en prison à Vannes, le geôlier me laisse travailler de mon état; je gagne vingt sous par jour, il en prend quinze et me donne le reste ; c'est plus qu'il ne m'en faut. Ne vous inquiétez pas de moi. Rappelez-vous seulement ces deux recommandations, ajouta-t-il à voix basse : quand vous quitterez la maison, ne fût-ce que pour cinq minutes, déposez toujours la clef dans le creux de notre arbre, car il faut qu'elle y soit lorsque je reviendrai. Prenez aussi ces deux morceaux de paille coupés dans leur longueur; si quelqu'un vient et vous montre le brin qui s'adapte à l'un de ceux-là, faites ce qu'il vous dira, comme si c'était moi.

— Je le ferai.

— Adieu, ma bonne Magdeleine.

— Adieu, mon pauvre Gildas.

L'information commencée sur les lieux se poursuivit pendant plusieurs mois. On entendit d'innombrables témoins. Ils n'apprirent rien de nouveau. La gendarmerie eut beau battre le pays, elle ne fit aucune découverte utile. La jeune Maria Le Drogo avait dit en quelques mots tout ce qu'elle savait, et les espérances qu'on avait fondées sur ses révélations croulèrent. Ce qu'elle pouvait apprendre aux magistrats était connu d'eux depuis que le préfet s'était décidé à dévoiler l'œuvre de sa police. Aussi l'information, qui avait eu une certaine animation à ses commencements, ne tarda-t-elle pas à tomber en langueur. On ne recevait plus que de rares dépositions, et elles étaient insignifiantes ; on ne procédait plus que de loin en loin à l'interrogatoire de l'inculpé, et c'était pour la forme.

Il fallait cependant prendre un parti le concernant. Son arrestation n'était plus maintenue que par l'effet de l'éternel argument du préfet : la preuve que Le Diveat est l'âme des réfractaires, c'est que durant sa détention, ils restent inactifs.

M. le préfet se plaisait tant à répéter ce raisonnement, que Le Diveat, qui n'ignorait rien du fond de sa prison, se dit qu'il fallait, sous peine de finir ses jours sous les verroux, en démontrer la fausseté.

— Il est donc nécessaire, pensa-t-il, que les gars fassent un coup pour me tirer d'ici. Je leur avais recommandé de rester en repos jusqu'à mon retour, et voilà que l'on abuse contre moi de leur tranquillité. Je vais les remuer.

Ce jour même, comme il était à son métier de tisserand, où il gagnait les quelques sous si inégalement partagés entre lui et le concierge, il dit négligemment à celui-ci qu'il voulait, avant sa mise en liberté, faire pour sa femme une belle demi-douzaine de chemises.

— Il faut donc vous y mettre, répondit l'avide geôlier, car on dit que vous sortirez bientôt, puisqu'on ne trouve rien contre vous.

— Je le crois aussi et peut-être l'idée de faire à votre femme une belle demi-douzaine de chemises m'est-elle venue un peu tard. Mais je puis aller vîte en besogne, si on me donne un coup de main. Il y a le n° 17, avec qui j'ai causé dans le préau, parce qu'il connaît un peu le tissage ; et vous pourriez lui permettre de m'aider, puisqu'il va avoir fini sa peine dans le courant de la semaine prochaine. Avec son assistance, mon travail sera bien avancé quand il sortira.

— C'est cela, dit l'autre, et il court chercher le n° 17 et se procurer le fil nécessaire.

Dès le lendemain, le n° 17 passait de longues heures en tête-à-tête avec Le Diveat, qui n'eut pas de peine à l'endoctriner. Quand il fut libéré, il se rendit à Locqueltas et remit à la vieille Magdeleine un des brins de paille.

— Je ferai tout ce que vous voudrez, dit-elle.

Le n° 17 la pria de faire venir un des chefs de bandes qu'il lui nomma ; il expliqua à ce réfractaire les intentions de Le Diveat, demanda à la bonne femme quarante francs qu'elle lui donna pour sa commission, et se hâta de quitter le pays, selon les instructions qu'il avait reçues.

Ce n° 17 s'appelait Pierre Perruche, marchand ambulant, qui avait été condamné à quelques semaines d'emprisonnement pour tenue de jeux de hasard dans les foires, et secours prêté audit hasard dans lesdits jeux. Depuis, la police judiciaire l'a fait rechercher sans parvenir à savoir ce qu'il était devenu.

Mais la mission qu'il avait remplie ne resta pas sans résultat.

Quelques jours après, le 23 juillet 1840, vers sept heures du soir, comme M. le préfet quittait le chef-lieu du canton de Baud, après le conseil de révision, pour rentrer à Locminé, où M. le maire l'attendait à dîner, les trois voitures qui le menaient avec sa suite furent arrêtées sur la lande de Brée, par quinze à dix-huit hommes armés et masqués, qui dévalisèrent jusqu'au dernier centime les voyageurs officiels, sans leur faire grâce des montres, des bagues et le reste; formèrent en tas sur la route les portefeuilles et les dossiers dont ils firent un autodafé; enfin coupèrent une oreille à chacun des chevaux attelés; puis rendirent la liberté de leurs mouvements aux représentants de l'autorité, si peu représentée en ce moment.

Arrivé à Locminé, M. le préfet n'avait pas encore commencé à diner et n'avait pas fini d'exhaler sa juste fureur, qu'une estafette vint lui apprendre, qu'à l'heure même où on le dévalisait à Baud, le percepteur d'Auray subissait le même sort sur la route et près de Plumergat, d'où il revenait à sa résidence, porteur d'une somme de treize cent vingt-neuf francs. Le coup avait été exécuté aussi par une quinzaine d'hommes armés et masqués.

A peine le porteur de cette fâcheuse nouvelle avait-il terminé son bref récit, qu'un autre exprès se précipitait à bride abattue dans les rues de la petite ville de Locminé, réclamant M. le préfet à grands cris. Il lui apprit que quinze à vingt hommes, masqués et armés, toujours, vers sept heures du soir encore, avaient fait irruption dans la caserne de gendarmerie d'Elven, tout pillé, tout saccagé et enlevé les munitions de poudre et de balles appartenant à la brigade. Le maréchal des logis, saisi à l'improviste, avait été garotté. Les deux gendarmes présents avaient été poussés par leurs femmes et enfermés à double tour dans une chambre; le tumulte était à son comble au moment où le messager était parti; mais toutefois, il n'avait entendu retentir aucun coup de feu.

L'étonnement du préfet égalait sa colère; sa sécurité l'inquiétait bien moins que sa dignité; mais l'intérêt public ne le préoccupait pas plus que celui de son amour propre; cette triple manifestation des réfractaires, qui étaient si tran-

quilles depuis l'arrestation de Le Diveat, venait
le frapper en pleine poitrine comme une bruta-
lité, et en plein visage comme une insolence.
Son sang généreux bouillonnait d'indignation,
sans toutefois obscurcir sa rare lucidité d'esprit.
Que va penser le ministre, s'écriait-il? Que vont
dire les journaux? Que dira le procureur du roi?
Que devient mon fameux argument? Et comment
rentrer à Vannes avec ces chevaux? Il faut cependant rentrer, et cette nuit!

Et il se mit à donner des ordres de départ,
n'écoutant ni M. le maire de Locminé dont le
dîner était servi, puis desservi et encore resservi,
depuis bientôt quatre heures; ni les convives
qui auraient voulu le manger tel quel, avant
qu'il ne fût réchauffé une fois de plus; ni les
membres du conseil de révision, qui croyaient
tout le pays à feu et à sang; ni son cocher qui
protestait né pouvoir partir avec ses malheureux
chevaux et qu'il n'en trouvait pas d'autres.

— Non, non, criait le préfet, surexcité par
toutes ces contradictions, non! Viendra qui
voudra. Trouvez-moi deux chevaux seulement.
Je le veux! Je pars. Non pour Vannes directement. Je prétends aller à Auray et à Elven, voir
ce qui s'y passe. C'est mon devoir. Dussé-je y
arriver, voyez-vous, percé de balles comme une
écumoire, que j'irais tout de même. Allons, qu'on
m'obéisse.

On lui procura des chevaux, trois gendarmes
intrépides qui l'escortèrent, et il se mit en route.

Le reste des autorités du conseil, tant civiles que militaires, ne se crut pas obligé de tenter une aventure qu'ils supposaient dangereuse, qu'ils qualifiaient à voix basse d'insensée, et qui au surplus ne s'imposait pas à leurs fonctions.

Il était minuit. Calme plat sur toutes les routes. Arrivé à Auray, grand silence dans les rues. Le préfet se fit avec peine indiquer la maison du percepteur. Il frappa longtemps. A la fin ce comptable parut en bonnet blanc à sa fenêtre.

— Qu'est-ce, messieurs, que me veut-on encore ?

— Comment, vous dormiez?

— Que dois-je faire à cette heure ?...

— Morbleu, après avoir été dévalisé !

— Puisque je n'ai plus de caisse à garder, je peux bien...

— Allons, dit le préfet, laissons là cet imbécile et en route pour Elven.

A Elven, c'était comme à Auray, tout le monde dormait, et d'autant plus fort qu'il était trois heures du matin et que l'alerte donnée par les réfractaires avait fait coucher toutes ces bonnes gens plus tard que d'ordinaire. On ne voyait dans le bourg qu'une seule lumière, une chandelle qui fumait au rez-de-chaussée de la caserne.

Le préfet frappe. — Qui vive ! lui crie-t-on à travers la porte. Il se nomme, on lui ouvre. Un gendarme seul veillait, si l'on peut appeler veille l'état de sommeil avancé où ses yeux papillotaient.

— Eh bien, dit le préfet, on vous a donc tantôt envahis, saccagés, pillés, massacrés ! Combien de morts ? Vous survivez seul ? Nous leur ferons un bel enterrement. Où sont les cadavres ? Que faites-vous là, planté debout, à me regarder ? Montrez-moi ça.

— Quoi donc ?

— Les corps de vos camarades.

— Mais, monsieur le préfet, les corps...

— Oui, les corps ; pas de mais ; je ne suis pas une femmelette, je veux les voir. Ne perdons pas de temps. Il faut que je rentre à Vannes avant que la population soit en émoi. Marchez donc devant avec votre chandelle, et vivement.

Le gendarme dut obéir. Il monta au premier étage, ouvrit une porte et s'approchant d'un lit :

— En voilà un.

Le préfet, mal éclairé, attrape les couvertures qu'il enlève prestement pour se rendre compte des blessures.

— Comment, ils sont deux ?

— Oui, sa femme et lui.

— Sa femme ! Les misérables !...

— Qu'est-ce qu'il y a ? s'écrie le gendarme endormi, en se dressant sur son séant.

— Oh, mon Dieu ! exclame son épouse, en cherchant de la main les couvertures pour les ramener.

Stupéfaction du préfet.

— Et les autres ? demande-t-il à son guide.

— Ils dorment aussi.

— Mais les réfractaires ne vous ont donc pas tous tués? Alors, qu'ont-ils fait?

— Ils nous ont pris nos cartouches.

— Et vous n'avez pas résisté?

— Non.

— Pourquoi?

— Puisqu'ils avaient pris nos cartouches.

— Bon, dit le préfet, en voilà encore un de la même force que le percepteur... Conduisez-moi à ma voiture.

Et en descendant :

— Que faisiez-vous donc en bas, vous, pendant que les autres dorment là-haut?

— J'étais en train de faire le procès-verbal, mais le sommeil...

— Très bien, vous me l'enverrez bientôt, de bonne heure, votre procès-verbal. Je suis sûr que je vous y reconnaîtrai.

En revenant à Vannes, M. le préfet réfléchissait profondément. Il se demandait quelle tournure il convenait de donner à cette affaire, car il en était en grande partie le maître, par le journal du chef-lieu dont il disposait. Il savait que Cicéron a défini l'éloquence, l'art d'agrandir les petites choses et de rapetisser les grandes. Si j'amplifie, se disait-il, le pays va paraître en feu, on se demandera à quoi servent les fonds secrets ; et puis, on ne peut pas inventer des massacres ; mais je deviens un homme nécessaire et les dangers que je brave me font une auréole. — Si je fais petit, on conviendra que j'ai réduit le banditisme breton à l'impuissance ; mais alors ne pensera-t-on pas à diminuer la subvention ; et d'ailleurs, pour avoir de la gloire, il faut faire croire à des périls. — Une idée ! s'écria-t-il seul dans sa voiture et libre vis-à-vis de lui-même, si je disais la vérité ? — Ah ! mais non. Elle aurait les inconvénients du plus et du moins, sans avoir aucun de leurs avantages. Peste, si *le Charivari* savait !

Et il continua de rouler le pour et le contre dans sa tête, jusqu'à ce qu'il entrât sous le porche de la préfecture. Il n'avait encore résolu qu'un côté du problème, il excluait la pure vérité ; non qu'il manquât d'honnêteté, loin de là, mais il était très préfet, et, à ce titre, se croyait obligé d'être politique. Pour décider en quel sens il accentuerait son récit officiel, il se demandait donc à lui-même de réfléchir davantage

Au lieu de s'aller coucher, il se rendit chez le procureur du roi. Il était alors près de sept heures.

Le chef du parquet fut, sans hésitation, d'avis d'atténuer. Quel intérêt à faire du bruit ? — L'opinion du juge d'instruction fut la même. Le préfet s'y rangea. Il fut le premier à toucher à la corde sensible, l'arrestation de Le Diveat qu'on prolongeait depuis sept mois, sous prétexte qu'elle garantissait l'inaction des réfractaires. Et trois bandes venaient d'opérer simultanément, sur le préfet à Baud, sur ses flancs à Auray et à Elven ! Cependant Le Diveat était en prison !

Les magistrats judiciaires ne firent pas tout haut ces rapprochements qui écrasaient M. le préfet. Ils laissèrent agir sa logique droite et loyale. De son propre mouvement, il indiqua l'opportunité de la mise en liberté. Il saisit même aussitôt, avec les ressources d'esprit qu'il possédait, les avantages de cette mesure : il fit observer qu'une ordonnance de non-lieu, qui interviendrait dans les circonstances actuelles, concourrait avec leur plan arrêté d'amoindrir les derniers événements, en montrant qu'on attachait peu d'importance à la détention de l'homme qui passait pour diriger les réfractaires.

Le Diveat fut donc mis en liberté dans l'après-midi. Il venait précisément de finir la bonne demi-douzaine de chemises qu'il avait promise à l'honnête geôlier pour sa femme.

A son retour à Locqueltas, il trouva la jeune Maria Le Drogo installée chez lui et vivant là fort heureuse avec la vieille Magdeleine, qui l'avait prise en grande affection. Cette enfant n'avait aucune prévention contre lui, car, de même que tous les gens du pays, elle le croyait étranger à la mort de ses parents. Elle n'eut donc pas demandé mieux que de rester dans cette maison. Mais il ne le voulut pas.

— Magdeleine, dit-il, combien y a-t-il encore dans la bourse ?

— 195 francs.

— Prenez 100 fr., emmenez-la chez les Tuguédy, à la ferme de Kernoa, vous leur direz de

ma part qu'ils la soignent bien et vous leur donnerez l'argent. J'irai les voir bientôt.

Maria partit aussitôt, emportant son petit paquet de hardes, et le cœur bien gros ; mais Magdeleine lui disait en route, pour la consoler, que,
les dimanches, elle la prendrait à la messe et la
garderait toute la journée. Et puis, ajoutait-elle,
Gildas changera peut-être d'idée, et tu reviendras alors pour toujours avec nous. N'oublie
pas, soir et matin, de demander cette grâce au
bon Dieu.

— Oui, Magdeleine.

Le Diveat n'avait sans doute pas cru compa-
tible avec sa sécurité de garder dans sa demeure
la jeune Le Drogo, car il allait immédiatement
reprendre son ancienne existence de directeur
des bandes, que l'incarcération de sept mois,
qu'il venait de subir, n'avait fait qu'interrompre
incomplètement. Il sortait de prison plus irrité
et ulcéré que jamais contre les gendarmes. C'était
la cinquième détention préventive qu'il avait es-
suyée, et s'il ne pouvait s'en plaindre comme
d'autant d'injustices, il en ressentait l'amertume
comme d'autant de coups reçus de la main de
ses ennemis.

Il était donc rentré chez lui le 24 juillet 1840.

Dès la nuit même qui suivit son retour, il recommença le genre de vie qu'il avait mené depuis 1832 ; mais le dernier séjour qu'il venait de
faire dans les prisons de Vannes eut pour lui ce
double avantage, de la gendarmerie découragée

et du préfet désarmé de son argument. Pour mieux dérouter les soupçons, il résolut de contenir les bandes pendant quelques mois ; et en effet un certain temps s'écoula sans qu'on entendît parler d'aucun coup de main.

Les années suivantes, le brigandage reprit son cours normal, et la nomenclature de ses méfaits était variée. Incendier une ferme ; attaquer une caserne de gendarmerie ; envahir un village et piller les maisons désignées à l'avance ; détrousser quelque comptable de deniers publics attardé le soir sur les routes ; s'installer chez un riche paysan, soi-disant un Bleu, et se goberger pendant une nuit à ses dépens ; mutiler les bestiaux de ceux qu'ils suspectaient et exercer toute sorte de vengeances personnelles sous ombre de politique ; couper les oreilles à de pauvres diables qu'ils croyaient ou disaient être des espions ; enlever un propriétaire pour le rançonner ; ravager les viviers et les basses-cours, les caves et les celliers ; enfin, se livrer à tous les attentats contre les gens et les choses, depuis l'assassinat jusqu'au fretin des dilapidations du vagabondage rural, voilà l'œuvre des réfractaires en fonctions.

Ils étaient à peu près insaisissables au milieu de leurs bois et de leurs halliers, presque tous semblables par l'âge, tous par le costume, le langage, les habitudes du corps, occupés aux mêmes travaux de la terre dans l'intervalle de leurs expéditions nocturnes, ne se distinguant alors en rien des autres paysans auxquels ils étaient mêlés, de sorte qu'aucune particularité ne venait, par un signalement propre, les désigner aux yeux de l'autorité.

Leur sécurité dépendait surtout de ces deux conditions : se préserver de l'espionnage qu'il était facile d'organiser autour d'eux, grâce aux fonds que la préfecture recevait dans ce but ; empêcher la délation de sortir de leurs propres rangs, car beaucoup d'entre eux, sans honneur et sans cœur, étaient incapables de résister aux séductions administratives.

Le Diveat avait un flair admirable pour exercer cette double police du dehors et du dedans, et il l'exerçait avec une rigueur sans miséricorde. Les réfractaires qui comprenaient fort bien que l'impunité ne pouvait leur être acquise qu'à ce prix, lui obéissaient. Lui-même sentait bien aussi que, pour conserver sa domination sur ces hommes, il fallait satisfaire leurs passions, et que la plus ardente était celle de l'argent.

C'est dans ce but qu'il avait résolu l'attaque de Pontsal, le 14 novembre 1845.

Cette expédition avait mis entre ses mains 460,000 francs.

Il distribua immédiatement 2,000 francs entre les gars.

On découvrit 150,000 francs dans le jardin de la famille Baudet.

Quant aux 308,000 francs restants, la justice n'est jamais parvenue, du moins officiellement, à savoir la destination qu'ils avaient reçue. Mais l'argent même que ce crime avait produit fut une cause de dissensions profondes et de haines horribles entre les réfractaires  Les uns voulaient que Gildas en eût la libre disposition, dans l'intérêt général, sans comptes à rendre à qui que ce soit ; d'autres, moins nombreux, excités par le nommé Dronquière, prétendaient que le partage eût lieu ; et ceux-ci se divisaient encore entre eux, sur la nature et le mode du partage, que les uns réclamaient entier et immédiat, que les autres ne demandaient que successif et aux époques que Le Diveat croirait opportunes.

L'irritation alla entre eux à tel point que plusieurs querelles dégénérèrent en rixes sanglantes, qui furent trois fois suivies de mort d'hommes.

Le Diveat ne paraît pas s'y être trouvé engagé de sa personne. Toutes ces tragédies se déroulaient autour de lui, il les surveillait, mais nul n'avait encore osé venir lui porter une sommation directe. Il avait l'œil sur Dronquière et les deux ou trois autres associés à ses desseins.

Le partage auquel il se refusait aurait évidemment été la destruction des bandes, par l'usage que le plus grand nombre des gars eussent fait aussitôt de leur argent, usage qui aurait amené, sans contredit, l'arrestation de plusieurs d'entre eux, puis leur condamnation, puis leurs aveux et la dénonciation de tous les autres complices, obligés de se disperser et de fuir le pays.

Pendant seize mois donc, c'est-à-dire depuis le

14 novembre 1845, jour du crime de Pontsal, jusqu'au 27 avril 1847, jour où les révélations de Maharit Baudet firent lancer un mandat d'arrêt contre Le Diveat, celui-ci avait résisté au partage ; mais, en conservant son influence sur la grande majorité des réfractaires, il la voyait en butte aux attaques d'un petit groupe, dont le mobile était avant tout la cupidité, et qui, dans une certaine mesure, obéissait aussi aux suggestions jalouses du chef qu'il s'était donné dans Dronquière.

On doit supposer que Le Diveat eût été, sous peu de temps, dans l'alternative de consentir au partage ou de détruire ce Dronquière et ses adhérents ; et le choix qu'il eût fait ne peut être douteux.

Mais l'arrestation de la famille Baudet vint faire diversion à cette guerre intestine. Les réfractaires ignorèrent d'abord ce que le père, la mère, la fille, avaient pu dire ; bientôt ils apprirent la découverte des 150,000 francs, puis ils connurent les indications fournies à la justice par M. Arthur Goët, receveur de l'enregistrement à Auray, touchant le papier sorti de ses bureaux. Leur fureur contre ce fonctionnaire, qu'ils regardèrent comme un affilié de la police, fut à son comble.

Peu de jours après, le 2 mai 1847, M. Goët, qui était assurément dans une complète ignorance de ces dispositions hostiles, eut besoin de se rendre d'Auray à Vannes, distants l'un de l'autre d'environ dix kilomètres. Il loua un cheval, et en arrivant à Vannes il le laissa à l'auberge et alla à ses affaires. Quelques instants après se présenta à l'auberge un paysan, qui demanda le cheval, disant qu'il était chargé par le propriétaire de le ramener à Auray. On le lui remit sans défiance, car rien ne dénonçait en lui un réfractaire. Ce n'était cependant rien autre que Le Diveat, qui s'était grimé et déguisé. Son but était d'obliger le receveur à revenir à pied, la nuit. En effet, quand celui-ci rentra à l'auberge, ne se rendant pas compte de ce malentendu qui le privait du cheval, après avoir un peu maugréé, comme il il était jeune et bon marcheur, il se mit en route.

A l'endroit même du bois de Pontsal où avait eu lieu l'attaque de la diligence, Le Diveat était debout, ceint de sa cartouchière, armé de son fusil double.

— Halte, dit-il, monsieur Goët, vous nous avez dénoncés. Vous allez mourir là. Mettez-vous à genoux.

Il faisait obscur, M. Goët d'ailleurs ne connaissait pas Le Diveat, il ne savait que vaguement, comme tout le monde, la découverte faite chez Baudet, et qu'elle était due à ce fragment de bourre dont il avait indiqué la provenance.

C'était un homme franc, ouvert, nullement timide.

— Qu'est-ce donc? répondit-il ; que me dites-vous ?

— Je dis que vous avez fourni les indications qui ont conduit la justice chez Baudet.

— C'est peut-être vrai, mais écoutez-moi.

— Voyons.

Le receveur commença d'une voix forte, assurée, à raconter comment, interpellé par le juge d'instruction sur l'origine de ce morceau de papier, il l'avait fait connaître en toute vérité, sans savoir même à quoi ces renseignements pouvaient mener.

Pendant qu'il parlait, cinq ou six ombres, sortant de l'orée du bois, descendaient sur la route et se rangeaient, pour écouter, derrière Le Diveat. C'étaient des réfractaires.

Le récit de M. Goët était empreint d'une sincérité manifeste. Il portait la conviction dans l'esprit de Le Diveat et de la plupart des autres auditeurs.

M. Goët n'avait pas encore cessé de parler, qu'un coup de fusil, tiré à bout portant, le renversa raide mort. Le Diveat se retourna.

— Ah, dit-il, d'un ton singulier, c'est toi, Dronquière, qui as fait ça ?

— Oui, répliqua l'autre, puisque tu n'osais le faire. Je ne trahirai pas les gars, moi.

Le Diveat se contint.

— Par où vas-tu, Dronquière ?

— Par là, dit celui-ci, en indiquant un côté du bois.

— Moi, reprit Le Diveat, je vais par ici, en se

dirigeant de l'autre côté. Les gars suivront qui ils voudront.

Sur les cinq, il y en eut quatre qui accompagnèrent Le Diveat, et l'autre fut emmené par Dronquière. C'était ce François Gicquello, qui avait écrit la lettre trouvée sur Maharit Baudet.

— Et je ne les volerai pas non plus.

Hurla Dronquière quand il fut sous bois, terminant ainsi la phrase : je ne trahirai pas les gars.

— Savez-vous pourquoi, dit Le Diveat à ses compagnons, je ne tue pas aujourd'hui Dronquiere ? C'est que je le réserve pour le bourreau.

Dans la soirée, le corps de M. Arthur Goët fut trouvé sur le chemin public où il gisait, et porté à Auray.

Quand le bruit de ce nouveau crime arriva à Vannes, avec la signification que lui donnait l'endroit même où l'assassinat avait été commis, le préfet convoqua le général de brigade, le capitaine de la gendarmerie, le procureur du roi et le juge d'instruction.

Les révélations faites par Maharit Baudet, en justifiant ses persistants soupçons sur Le Diveat, avaient singulièrement rehaussé le crédit du préfet et lui mettait autour du front comme un limbe où rayonnait l'infaillibilité. Il faisait plaisir à voir tant il était content. Il avait cet air un peu comique qui tient le milieu entre l'orgueil et la modestie, quand on veut cacher l'orgueil qui se montre et montrer la modestie qui se cache.

— Messieurs, dit-il, j'ai pris la liberté de vous réunir pour aviser aux moyens d'arrêter Le Diveat. C'est évidemment la seule mesure efficace pour empêcher une série indéfinie de crimes, tels que celui d'hier soir. Reconnaîtrons-nous à cette bête féroce le privilège de tuer impunément?...

M. le préfet parla longuement et cependant parla bien ; puis, voyant qu'il réussissait, il n'hésita pas à interpeller ses auditeurs, avec cette netteté, qui était une de ses qualités maîtresses.

— Monsieur le capitaine de gendarmerie, répondez-vous d'opérer l'arrestation de Gildas Le Diveat d'ici à un mois? Un oui ou un non.

— Non, mes forces sont insuffisantes. Il me faudrait cinquante hommes de plus, divisés en dix brigades.

— Monsieur le général, avez-vous des hommes immédiatement disponibles et combien?

— Immédiatement, rien ; quand et combien, il me faut pour répondre un travail de bureau.

— Monsieur le procureur du roi, votre avis ?

— L'exécution du mandat décerné contre le prévenu n'est pas dans mes attributions.

— Monsieur le juge d'instruction ?

Même réponse.

— Messieurs, reprit le préfet, je vous propose, en votre nom comme au mien, de pricr LL. EE. M. le ministre de la guerre et ses collègues des départements de l'intérieur et de la justice de vouloir bien faire mettre à ma disposition cent cinquante hommes du bataillon des voltigeurs corses, choisis dans l'élite de cette élite, afin de purger une fois pour toutes le Morbihan de ce honteux et sanglant fléau. Je vous pose deux questions :

1° En principe, adoptez-vous cette proposition ?

Signes de tête affirmatifs.

2° Me chargez-vous d'écrire aux trois ministres, ou désirez-vous écrire à vos ministres respectifs ? Je préférerai la première voie pour l'unité et la célérité.

Nouveaux signes approbatifs.

Cette réunion avait lieu le 3 mai 1847. Le 14 juin suivant, les cent cinquante voltigeurs corses arrivaient à Vannes et le 15 ils se rendaient à Auray pour commencer le 16 leurs opérations, qui avaient été concertées entre le préfet, le commandant de gendarmerie et le général de brigade.

L'expédition devait mettre en mouvement 450 hommes, savoir, les 150 voltigeurs corses, 100 gendarmes et 200 soldats.

Le bataillon des voltigeurs corses, comme ce nom l'indique, avait été formé de militaires presque tous originaires de la Corse, et sa destination directe avait été la pacification de cette île, désolée par le banditisme. Ils composaient une troupe d'environ quatre cents hommes, dans les rangs de laquelle on avait aussi fait entrer un certain nombre de soldats empruntés en Afrique à la légion étrangère. Ils se distinguaient surtout par la rapidité de leur marche et la précision de leur tir Ils étaient depuis longtemps accoutumés au genre de chasse pour lequel on les faisait venir dans le Morbihan.

A leur tête était placé le capitaine Ventini.

Pendant que son détachement se portait de Vannes à Auray, il eut l'idée de pousser à cheval une pointe jusqu'à Locqueltas, accompagné de six à sept officiers ou sous-officiers, pour voir la maison de Le Diveat et juger par lui-même de la nature du terrain sur lequel il aurait probablement à opérer.

Le 15 juin 1847 était un dimanche, et ces militaires, qui traversèrent bruyamment les villages qui bordent la route départementale allant de Vannes à Locqueltas, se virent bientôt escortés d'une nombreuse troupe de paysans malintentionnés. Au bourg de Meucon, ils mirent pied à terre pour se rafraîchir dans un cabaret, et, en remontant à cheval, comme la foule encombrait la porte, ils s'éloignèrent, la menaçant de leurs cravaches. Quand ils furent en selle, on leur lança des pierres et on poussa des huées. A leur sortie de Meucon, les cloches commencèrent à carillonner et celles de Locqueltas leur répondirent bientôt. Sur tout le trajet d'un de ces villages à l'autre, il se formait des groupes et l'on aperçut même quelques canons de fusils dissimulés. A leur arrivée à Locqueltas, l'irritation était grande de part et d'autre. Ils demandèrent

où était la maison de Le Diveat et tous ceux
qu'ils interpellaient, refusaient de leur répondre.
Enfin, ils finirent par la trouver. Un fort mauvais
sujet qui était parmi eux, se mit à tout fouiller et
bouleverser, sous prétexte qu'il était chargé par
la justice d'une perquisition. Il n'avait aucune
mission semblable. La vieille Magdeleine, qui
voulut lui résister, fut violemment repoussée par
lui et tomba sur l'angle de l'âtre où elle se fit
une blessure à la tête, peu grave, mais qui saigna
beaucoup. La petite Maria Le Drogo, qui passait
là son dimanche, selon l'habitude, effrayée, commença à pousser des cris perçants, auxquels les
paysans du dehors répondirent par une décharge
de pierres, qui atteignirent l'un des officiers fort
malheureusement au visage. Comme l'enfant
continuait de crier, un militaire la prit à bras le
corps pour lui fermer la bouche et la faire taire.
La vieille Magdeleine, se méprenant sur ses intentions, saisit dans le foyer un tison enflammé
et lui en frappa la face. Les charbons allumés se
répandirent de tous côtés, et, dans le désordre
des meubles éparpillés et de la paille des lits qui
couvrait le sol, trouvèrent un aliment. Bientôt la
maison fut en feu et ce n'est qu'à grand'peine
que les diverses personnes qui y étaient, échap-
pèrent à l'atteinte des flammes. Les militaires
n'eurent que le temps de remonter à cheval; ils
durent se frayer un passage, le pistolet ou le
sabre au poing; on leur tira quelques coups de
fusil des croisées; un des chevaux fut atteint et

s'abattit ; le cavalier sauta en selle derrière l'un de ses camarades ; ce fut pour eux une déroute dangereuse de Locqueltas à Plumergat ; arrivés dans cette dernière commune, où l'on ignorait ce qui venait de se passer à quelques kilomètres de là, ils ne furent plus inquiétés et entrèrent en bon ordre à Auray, vers huit heures du soir. Ils y trouvèrent leurs hommes qui venaient d'arriver de Vannes.

Le capitaine Ventini eut la malencontreuse pensée de les rassembler sur la place, de leur raconter, à sa manière, les scènes qui avaient eu lieu, et, dans une harangue plus soldatesque que prudente, de leur annoncer qu'étant, dans ce pays, en état permanent de légitime défense, ils ne devaient pas délibérer de faire usage de leurs armes, dès qu'ils seraient en présence d'un réfractaire, dans quelque circonstance que ce fût.

Il y avait dans la foule qui entourait les soldats, une femme grande et mince, dont le châle était remonté autour du cou et les coiffes rabattues sur la figure. Elle eut un mouvement si extraordinaire quand le capitaine Ventini en arriva à l'incendie de la maison de Le Diveat, que tous ses voisins se reculèrent effrayés.

Les militaires allèrent chercher leur logement avec les billets qu'on leur distribua et les officiers se rendirent pour souper à l'hôtel du *Cheval Blanc*.

La femme, restée seule à sa place, paraissait plongée dans ses réflexions. Elle s'éloigna lentement, sortit de la ville d'Auray, et arrivée à quelques centaines de mètres, s'accroupit près d'une haie qui bordait la route, souleva une trappe longue et étroite, y prit un fusil double, une cartouchière et une paire de pistolets, forma un paquet de la coiffe, du châle et de la robe qu'elle portait, le mit où étaient les armes, et Le Diveat, qui portait des habits d'hommes sous ces habits d'emprunt, rentra à Auray à la faveur de la nuit et alla s'asseoir dans le recoin obscur que forme le mur de l'église à l'extérieur, vis à-vis du café du *Pin d'or* et de l'hôtel du *Cheval blanc.*

Vers dix heures, les officiers, qui avaient dîné au *Cheval blanc*, traversèrent la place et entrèrent au *Pin d'or.*

A peine y étaient-ils attablés, que Le Diveat s'approcha de la porte et attendit qu'il sortît quelqu'un.

Bientôt en effet un des officiers eut besoin de sortir.

— Je voudrais bien, lui dit Gildas, parler à M. Ventini pour le marché du foin des chevaux.

— Entrez donc.

— Non, merci, je n'ose pas, car on dit que les soldats sont fâchés contre le monde. Je n'ai qu'un mot à lui dire pour mon dernier prix. S'il ne peut venir ce soir, je retournerai demain, puisque je suis d'ici. Dites-lui cela.

L'officier en rentrant dans le café fit la commission.

— Quel foin ? dit le capitaine. Je ne suis en marché avec personne.

— C'est une manière de vous en proposer, dit le maire d'Auray, qui, par devoir d'hospitalité, accompagnait les officiers ; nos paysans sont ainsi.

— Je vais voir.

— Vous feriez peut-être bien de le renvoyer à demain.

— Pourquoi ?

— C'est plus sûr.

— Allons donc, j'ai moins de peur de vos réfractaires que je ne leur en fais.

— Prenez au moins vos pistolets.

Et l'un des convives les décrocha de la patère où ils étaient suspendus et les tendit au capitaine. Celui-ci les posa en riant sur la table de marbre, se leva, boucla son ceinturon, prit son képi, ouvrit la porte et demanda au dehors :

— Où est-il, ce paysan ?

— Ici, dit une voix.

Un coup de feu retentit et l'infortuné M. Ventini s'affaissa sans pousser un cri.

Tous ses camarades saisirent leurs armes et s'élancèrent sur la place. Le Diveat avait disparu. Ils coururent quelques instants de tous côtés, et, bientôt convaincus de l'inutilité de cette poursuite sans direction, ils revinrent près du cadavre.

Ils ne se couchèrent pas, car au point du jour devait commencer le mouvement stratégique au succès duquel les voltigeurs corses, les gen-

darmes et les soldats de ligne étaient appelés à
concourir.

Les dispositions, après de longues discussions,
avaient fini par être arrêtées contre les avis du
préfet. Celui-ci, quoiqu'il eût sur les deux représentants de la force publique la double supériorité de l'intelligence et de l'expérience locale,
n'en fut pas moins obligé de compter avec eux.
Mais, dès que le plan fut arrêté, il se passionna
pour son exécution, avec cette rare loyauté qu'il
portait jusqu'à une sorte d'héroïsme.

Les manœuvres, qui se prolongèrent sur le
terrain pendant trois semaines, dans le but de
cerner Le Diveat, sans savoir où il était, n'auraient pu réussir que par un miracle, dont le ciel
ne se crut pas redevable aux autorités. Les troupes
étaient exténuées, découragées. La mésintelli-
gence régnait parmi les chefs. Tout alla bientôt
à la débandade. Que faire? Se désister de l'entreprise, c'était le ridicule immédiat ; y persister,
c'était le ridicule aggravé à terme,

Le 9 juillet, le préfet était dans son cabinet,
appliqué à la recherche d'une solution. Il était
modeste alors, et son ambition se bornait à trouver le moyen de sortir avec décence de cette
aventure, dont il portait la responsabilité, bien
qu'il n'en eût pas eu la direction. Il avait une
étoile, à feux intermittents, il est vrai, mais ce
jour-là encore elle jeta un éclat.

— Il y a, dit l'huissier, un homme qui insiste
beaucoup pour parler à M. le préfet.

— Faites entrer.

— Voyons, qui êtes-vous ? que voulez-vous ? Parlez vite et soyez clair.

— Oui, monsieur le préfet. Je suis Dronquière ; Le Diveat me tuera, j'aime mieux vous le livrer, vous me donnerez ce que vous voudrez.

Le haut fonctionnaire chassa son fauteuil d'un coup de jarret, se campa droit et dit :

— Vous êtes condamné trois fois à mort par contumace. Je no fais pas de marché avec les bandits. Mais si vous me faites prendre Le Diveat, de suite, vous choisirez : ou de venir vous constituer pour purger votre contumace, et si vous êtes condamné à mort contradictoirement, je demanderai pour vous une commutation de peine ; ou, si vous aimez mieux quitter le pays, vous recevrez 2,000 francs.

Dronquière pensa qu'il y avait dans l'alternative posée par le préfet la matière d'un compromis entre les deux propositions, et qu'après avoir reçu l'argent, il resterait avec les gars, d'autant plus heureux que, débarrassé de son redoutable ennemi Le Diveat, il pourrait à son tour devenir chef des bandes.

— Je ferai, monsieur le préfet, ce que vous croirez le mieux à faire.

— C'est bien, mais je *le* veux tout de suite.

— Demain, si vous le désirez.

— Où est-il ?

Dronquière ne jugea pas à propos de répondre à cette question, car rien n'était encore conclu.

— François Gicquello, dit-il, l'a vu hier.

— Gicquello ? encore un contumace condamné à mort !

— Oui, trois fois, comme moi.

— Et Gicquello, vous pouvez au moins me dire où il est ?

— Il est à la porte de la préfecture à m'attendre. Vous donnerez aussi quelque chose, n'est-ce pas, à François Gicquello ?

Le préfet pensa que de stipendier ces hideux bandits coûterait toujours moins cher au gouvernement que de faire tenir la campagne à 450 hommes, et que, d'ailleurs, avec ceux-là on pouvait se flatter d'arriver à un résultat qui, avec ceux-ci, était devenu plus qu'improbable.

— Il aura comme vous le choix.

— Oh, monsieur le préfet, c'est moi qui vous propose le coup. Il faudra donc me faire une meilleure part. Puisque vous donnez 4,000 francs, il est juste que j'aie 3,500 francs et lui reste.

Le préfet était tellement préoccupé de son seul objectif, mettre la main sur Le Diveat, qu'il ne s'apercevait pas qu'en traitant avec ce vil coquin il participait quelque peu à sa bassesse.

— Soit, dit il, allez chercher Gicquello.

Quand il eut là ces deux scélérats, il leur fit dès promesses expresses et les réfractaires mêmes savaient qu'il les tenait toujours.

Il apprit d'eux tout ce qu'il voulait savoir, et leur remit à chacun 100 francs comme arrhes ; mais, conclut-il, il me le faut, mort ou vif, sinon, rien de fait, rien de promis. Je n'admettrai ni excuses, ni explications, ni atténuations. Quand je l'aurai, vous aurez, sinon, non. Est-ce bien entendu? J'aime les situations nettes. Avez-vous encore quelque chose à me demander ou à m'apprendre?

— Monsieur le préfet, dit Gicquello, nous ne voulons que mériter vos bonnes grâces, en faisant selon vos volontés. Vous l'aurez mort ou vif; mais lequel aimez-vous le mieux?

Le premier fonctionnaire du département n'osa pas le dire : il n'y avait pas réfléchi et ne savait vraiment ce qu'il fallait répondre à cette question à brûle-pourpoint de deux sacripants chargés de crimes, susceptibles de faire des aveux en cour d'assises et d'être confessés par des avocats de l'opposition.

Il les envoya dîner à l'office et s'enferma avec son secrétaire, de sept heures du soir à trois heures du matin.

Cette fois, il dressa son plan seul, sans en conférer avec le général et le colonel de gendarmerie. Il s'en croyait le droit, par suite des renseignements qu'il venait de recevoir et de l'urgence de les utiliser.

Il remit donc à Dronquière, qui avait sur Gicquello la supériorité que la priorité d'initiative peut donner, plusieurs lettres pour les officiers qui commandaient la force armée en ce moment entre Vannes et Pontivy; en même temps, il fit partir des dépêches pour le chef des voltigeurs en station sur d'autres lignes.

Le préfet, qui était incontestablement un homme de tête, avait supérieurement combiné tous les ordres que portaient ces diverses missives.

Ils s'exécutèrent en partie dans la journée du 16 juillet, et, à midi, le lendemain, les troupes commençaient le mouvement décisif.

Il devait consister, dans son ensemble, à envelopper d'un triple cercle le village de Guénin, où se trouvait Gildas Le Diveat.

Ce dernier, à la vérité, n'avait pas été vu par Gicquello, comme Dronquière l'avait dit au préfet, mais sa présence n'y paraissait pas moins certaine. En effet, le dimanche précédent, Gicquello, qui n'avait cessé de surveiller les démarches de la vieille Magdeleine, avait remarqué qu'après la messe de Locqueltas, elle se dirigeait vers le village de Guénin, emmenant avec elle la jeune Maria. Il les avait suivies, mais n'ayant pas osé entrer dans ce village, il ignorait dans quelle maison elles s'étaient rendues elle-mêmes. Il lui suffisait d'avoir constaté que, pendant le trajet, elles prenaient des précautions pour n'être pas aperçues et que, quand elles craignaient de l'avoir été, elles changeaient momentanément de direction. Il ne put douter qu'elles allaient rejoindre Gildas, d'autant plus que, d'après la connaissance qu'il avait des localités, aucun autre intérêt ne pouvait les conduire à cet endroit. Enfin, il était bien convaincu que Le Diveat, confiant dans les ressources que lui offrait la contrée, ne l'avait pas quittée. Il communiqua ses observations à Drouquière et ils arrêtèrent ensemble le projet d'aller vendre à la préfecture leur ancien chef.

C'est aussi d'après leurs indications que le préfet avait dressé son plan stratégique et envoyé les ordres de marche.

Il y avait trois cercles dans ce plan.

La moitié des voltigeurs devait former le premier cercle, qui envelopperait le village de Guénin à environ un kilomètre de distance et marcherait ensuite en se concentrant, par un mouvement semblable à celui du filet de pêche qu'on nomme épervier.

Le deuxième cercle, composé de l'autre moitié des voltigeurs et de tous les gendarmes, se rangerait derrière le premier, en prenant position à peu près à l'endroit où celui-ci aurait commencé son mouvement convergeant, et y resterait fixe.

Le troisième cercle se formerait, avec la troupe de ligne, au delà du second, et comme la distance entre les soldats devait être considérable, chacun d'eux avait pour consigne de se porter à l'endroit où il entendrait la fusillade et de se mettre ainsi à la disposition des gendarmes.

Le jeudi 10 juillet, au coucher du soleil. Le Divoat, qui était monté sur le clocher de Guénin, en empruntant les habits du bedeau, son confrère, avait vu les mouvements de troupes qui commençaient à se dessiner à l'horizon. Le village de Guénin est à peu près à mi-chemin entre Locminé a l'est et Baud au couchant ; au nord passe le chemin vicinal qui relie ces deux chefs-lieu de canton , et c'est principalement cette route que parcouraient les militaires à cheval, qui allaient de l'une à l'autre localité, pour concerter les dispositions stratégiques.

Le vendredi 11, avant le lever du soleil, Le Diveat, remonta à son observatoire. Il distingua les trois cercles qui commençaient à s'esquisser et ne put douter qu'il ne fût l'unique objet de cette concentration de forces.

Il descendit sans se presser, rentra dans la maison qui lui donnait asile, embrassa la petite Maria qui ne quittait plus Magdeleine depuis l'incendie, leur recommanda d'aller porter au Chêne-Creux de Pokar, dont elle connaissait bien la cachette, un petit panier, très lourd et hermétiquement ficelé qu'il leur remit :

— Vous m'attendrez là, dit-il. Apportez avec vous quelques provisions, car je ne sais pas au juste quand j'arriverai. Mais le temps est beau et doux, vous dormirez sous l'arbre. Viens encore m'embrasser, Maria. A bientôt.

Il sortit du village et marcha sur la ligne des voltigeurs, qui étaient alors à environ 500 mètres des premières maisons et dont les rangs présentaient de larges espaces vides. Il s'approcha très près d'eux, se glissa comme une couleuvre dans les ajoncs épais d'un haut talus ; et laissa passer à sa droite et à sa gauche les deux voltigeurs entre lesquels il s'était placé. Ils continuèrent leur concentration, et quand il se trouva ainsi derrière eux, il reprit sa marche vers Baud. Il avait alors en face de lui le cercle fixe des gendarmes mêlés à une moitié des voltigeurs.

Ces militaires, à l'endroit où Le Diveat les aborda, étaient échelonnés sur la rivière d'Ezel, qui veut dire en langue bretonne *La Basse*, nom bien mérité, car ce cours d'eau est exceptionnellement encaissé. Il fait divers circuits entre le chemin de Baud à Locminé, et le chemin de Baud à Auray, qu'il traverse à 500 mètres à peu près l'un de l'autre. C'est là que se porta Le Diveat.

De la rive gauche où il se trouvait, il pouvait apercevoir sur l'autre bord les gendarmes de faction, qui ne prenaient aucun soin de se cacher, n'en ayant pas reçu la consigne, et qui étaient bien convaincus que la fusillade du premier cercle les avertirait quand *le gibier serait levé*.

Le Diveat allait en rampant d'un point à l'autre, sans produire aucun bruit, et d'un mouvement si naturel qu'il semblait celui de la nature même, quand le souffle léger du vent agite les feuilles ou les herbes. Il fixa successivement plusieurs gendarmes, et après une seconde d'examen, il passait outre. Ces braves militaires ne se doutaient pas que la mort les inspectait.

Dans cette revue, Le Diveat cherchait ses ennemis, ceux qui, dans sa pensée, avaient obstinément verbalisé contre lui, sollicité ses arrestations préventives ou déposé avec acrimonie dans les informations et les audiences.

Il jetait à peine les yeux sur les voltigeurs corses. Il rampait et avançait toujours. Il s'arrêta, fit un signe qui voulait dire sans doute « en voilà un, » visa et tira.

Ce coup de fusil retentit fort loin, répercuté dans les gorges de l'Ezel. On ne s'en rendit pas compte d'abord, et on l'attribua à un accident, une maladresse. Aussi, quand les gendarmes voisins, attirés par la fumée, eurent constaté la mort de leur camarade, ils ne pouvaient se l'expliquer et leur embarras fut grand, car ce second cercle ne devait pas quitter ses postes.

Le Diveat eut donc toute liberté pour recommencer plus loin sa manœuvre. Il continua de serpenter sur la rive gauche de la rivière, et tua un second gendarme une heure après.

Il quitta alors les bords de l'Ezel, marcha vers l'est, toujours entre le premier cercle occupé alors à fouiller le village de Guénin, et le second qui se tenait immobile, à un kilomètre à l'entour ; il se porta sur la rive droite de la Claye, autre rivière qui descend de Locminé vers le canal de Glomel, où elle se jette.

Du point qu'il quittait au point où il se rendit, il y a environ deux kilomètres en ligne droite et trois par le contour qu'il devait suivre.

En arrivant sur la Claye il reconnut, à la tranquillité des gendarmes, que la nouvelle de la mort de leurs camarades ne leur était pas parvenue.

Il ne trouva là que les brigades éloignées de Locquellas, qu'on avait fait venir des environs de Pontivy, de Lorient, de Ploërmel, et avec lesquelles il n'avait pas eu de démêlés.

Il reprit donc son chemin de ronde, descendant au sud, dans la direction de Grand-Champ. Là, il était en campagne unie, au milieu des genêts, des bruyères et des récoltes de blé, déjà hautes. Pour utiliser ce genre de sol, il s'aplatit contre la terre ; le front à peine au-dessus des herbes et, à vrai dire, il n'avait pas plus de front que les serpents dont il imitait alors la locomotion ; il chemina à une centaine de mètres du second cercle, examinant les hommes qui, l'arme au repos, étaient parfaitement visibles, comme s'ils avaient eu l'intention de se présenter à la revue de leur ennemi.

Là encore, Le Diveat fit son choix et frappa l'un d'eux en pleine poitrine, comme un tireur place sa balle au milieu précis de la cible.

La fumée et le bruit du coup ayant été vue et entendu d'au moins cinquante gendarmes ou voltigeurs, ceux-ci, après un court moment d'hésitation, s'élancèrent vers l'endroit où Le Diveat avait tiré.

Mais ils ne purent l'apercevoir lui-même ; il avait profité de la distance qui le séparait d'eux pour disparaître en continuant de ramper. Ils ne remarquèrent pas, en arrivant, le léger sillon que son corps avait tracé dans les blés et s'obstinèrent à fouiller le sol de leurs baïonnettes, pendant qu'il prenait du champ.

Quand ils revinrent près du corps du gendarme tué, plus d'un d'entre eux était préoccupé du caractère fantastique de ce meurtre et n'était pas loin de mêler à sa stupéfaction de vieilles réminiscences superstitieuses de son enfance et des histoires qu'il avait ouï faire des sorciers de la Basse-Bretagne.

Le Diveat continua de parcourir intérieurement le second cercle. Il remontait en conséquence du sud au nord, tournant le dos à Grand-Champ et s'avançant vers Baud. C'était le dernier quart du cercle entier.

Il était alors sept heures du soir. Les troupes cédaient déjà à une fatigue bien naturelle. Elles étaient sur pied depuis quinze heures et n'avaient mangé que leur ration de pain. Beaucoup des hommes commençaient à s'affaisser, à s'étendre par terre, quelques-uns même se laissaient aller au sommeil. Cette circonstance, contraire aux projets de vengeance que Le Diveat poursuivait, était de nature à mettre obstacle à leur achèvement. Mais la nouvelle des deux premiers meurtres et, peu après, l'annonce du troisième, ne tarderaient sans doute pas à se répandre dans les rangs qu'il avait maintenant en face de lui.

Il s'arrêta donc pour en attendre l'effet Son calcul se justifia. Bientôt il vit des communications se faire de groupe à groupe, tous les hommes se redressaient, inspectaient leurs fusils, prenaient l'attitude de gens aux aguets.

Le Diveat dut redoubler de précautions, mais il n'en reprit pas moins son inspection. Il passa successivement devant plusieurs postes, et il approchait de l'endroit même où il avait commencé sa tournée.

Soudain son visage tressaillit dans une contraction de joie.

Il jeta un coup d'œil rapide autour de lui, pour se rendre compte de ses moyens de fuite.

Il regarda à l'horizon le soleil qui allait disparaître.

Il ajusta et fit partir ses deux coups à une seconde d'intervalle.

Dans le groupe qu'il visait, deux gendarmes tombèrent.

L'un était le gendarme qui, le 15 août 1832, l'avait accusé, lors de sa lutte avec Mopter, de cacher sur lui des maléfices; l'autre, celui qui avait servi de guide au capitaine Ventini, dans l'expédition des officiers à Locqueltas.

Ses deux coups tirés, il dut se dresser sur ses pieds pour fuir à toute vitesse. Il reçut une décharge générale de cinq à six groupes; mais, pour presque tous, ce n'était qu'une manifestation, car la portée était bien trop grande. Quelques balles cependant sifflèrent autour du fugitif. Aucune ne l'atteignit.

Sa position, à ce moment, paraissait assez critique. Il était poursuivi par le second cercle et rejeté sur le premier. Mais la poursuite fut menée

sans ensemble, par le motif qu'elle se présentait
dans des conditions contraires à celles qu'avait
prévues l'organisateur du plan. Le préfet avait
donné l'ordre exprès au second cercle de ne pas
bouger, dans la pensée que le premier, ayant
débusqué Le Diveat du village de Guénin, s'il
échappait aux atteintes du premier, il viendrait
infailliblement se faire fusiller par le second, qui
l'attendrait dans des positions choisies, absolument comme les chasseurs se placent aux passages
fréquentés, pour que le gibier vienne passer sous
les canons de leurs fusils. Maintenant que la
situation était retournée et que le gibier attaquait
le chasseur, que devait faire le second cercle? Il
hésita et se divisa. Le sentiment général fut
d'abord de courir après le fugitif et l'impulsion
fut en ce sens ; mais les sous-officiers avaient leur
consigne, et la plupart d'entre eux revinrent
prendre leurs postes ; les hommes revinrent aussi
en partie, d'autres s'égarèrent dans les bois et les
landes ; la nuit ne tarda pas à se faire, et bientôt,
faute d'instructions, personne ne sut plus ce qu'il
devait ou commander ou exécuter.

Il n'était sans doute pas entré dans les intentions du préfet qu'on passât la nuit sous les
armes, puisqu'on n'avait pas de vivres. Mais où
se retirer? Les uns étaient dans la direction
de Vannes, les autres d'Auray, ceux-ci de Baud,
ceux-là de Locminé, ou même de Pontivy. Chacun irait-il au plus près? Y avait-il un lieu commun de concentration?

Le Diveat n'avait rien à craindre, au milieu des ténèbres qui s'étaient faites, de ces hommes travaillés de la faim et de la soif, exténués, énervés par une longue attente, inquiets de leur isolement dans un pays abrupte, où ils ne pouvaient pas s'orienter.

Rien donc ne lui était plus facile que de s'échapper; mais, dès la veille, quand il avait aperçu, du clocher de Guénin, les lignes de soldats qui circulaient au loin, la conviction qu'il avait été vendu s'était emparée de lui, et quand il vit cette triple circonvallation tracée autour du village, sa conviction devint une certitude. La pensée que Dronquière et Gicquello, dont il s'était séparé, dans les termes que l'on sait, au milieu de la forêt de Pontsal, étaient les délateurs, lui traversa l'esprit et aussitôt s'y fixa.

Instantanément, il prit la résolution de les chercher, de les rejoindre, dans les rangs mêmes de la force armée déployée contre lui. Mais comment les atteindre? Agit-il par un calcul profond, par un instinct divinatoire, par un pur aveuglement de combattivité que le hasard seconda? Toujours est-il que l'idée de trahison lui donnait la fièvre et que l'avant-goût d'une nouvelle vengeance le jetait en proie à une sorte de vertige.

Il recommença, au pas gymnastique, le cercle qu'il avait employé toute la journée à parcourir. À mesure qu'il chargeait son fusil, il tirait, tantôt dans une direction, tantôt dans l'autre, évitant d'ailleurs d'ajuster les militaires qu'il entrevoyait dans l'ombre, car, dans leurs rangs désormais, il ne comptait plus d'ennemis personnels.

Les soldats répondaient à son feu, et leurs balles, comme les siennes, allaient se perdre dans les halliers. Bientôt la fusillade devint générale, et Le Diveat, toujours courant, l'allumait partout sur son passage.

Le commandant de la gendarmerie et le lieutenant Corteggiani, qui avait remplacé Ventini, n'y comprenaient rien, ni eux ni personne. Ils coururent à cheval, à la première alerte, pour se rendre compte. Ils s'empêtrèrent dans les broussailles, eurent grand mal à s'en tirer, et furent absolument impuissants, non-seulement à calmer ce désordre, mais à en connaître la cause. Ils pensèrent d'abord que les voltigeurs corses s'étaient pris de querelle avec d'autres soldats et que leurs troupes tiraient les unes sur les autres. Ils étaient d'autant plus éloignés de songer à un stratagème quelconque de Le Diveat, qu'ils étaient persuadés, vu l'inutile perquisition au village de Guénin, que les renseignements étaient faux touchant sa présence dans cette région.

Lui, cependant, après avoir mis le feu aux poudres des gibernes et le cercle entier parcouru, se trouvait démuni de cartouches. Pour s'en procurer, il dirigea sa course vers le Chêne-Creux de Pokar, où il avait envoyé Magdeleine et Maria.

— Vous entendez, leur dit-il d'un ton gai, c'est en mon honneur tout ce qu'ils font. — Vous avez le panier?

Magdeleine le lui donna. C'était des cartouches.

— Bon courage, reprit-il. Vous partirez au point du jour pour Locqueltas. Je ne tarderai pas à vous y rejoindre. Il est bientôt minuit ; il faut que je me dépêche, au milieu de ce tumulte que j'ai soulevé, de trouver Dronquière et Gicquello, pour régler mon compte avec eux. A bientôt.

Il pensa que, pour joindre ceux qu'il cherchait, il serait sans doute obligé de pénétrer dans le village de Guénin, mais qu'il avait encore assez de nuit pour achever l'exécution de son projet.

Quand la fusillade avait diminué, un autre bruit, plus sinistre encore, l'avait remplacée. Les cloches des villages voisins, Pluméliau, Le Bignon, Saint-Jean-Brévelay, Pleudren, Locmaria, Plumergat, étaient en branle. Des mains furieuses les agitaient. On disait que les troupes, pour ne pas laisser échapper Gildas, tuaient tous ceux qu'elles rencontraient. Les vieux fusils de la chouannerie se décrochaient des cheminées. Les coups de feu retentissaient, entremêlés de hurlements. Les soldats se crurent attaqués, la panique s'empara d'eux, et bientôt toute la campagne autour de Guénin fut sillonnée de militaires affolés, cherchant leur chemin, s'effrayant les uns les autres.

Les chefs, qui s'étaient réunis sur la place de Guénin même et qui comprirent enfin qu'il n'y avait d'autre parti à prendre que de ramener autour d'eux leurs hommes, le plus tôt possible, abandonnant toute autre mesure, eurent la bonne

inspiration d'allumer un grand feu qui, rayon··
nant au loin, servirait de phare à ceux qui er-
raient dans les environs, sans pouvoir retrouver
leur route, sans savoir même où ils voulaient
aller.

On rassembla donc des tas énormes de fagots
et de bourrées. La flamme domina bientôt les
maisons, et le résultat qu'on s'en était promis ne
tarda pas à se produire. Les soldats débandés af-
fluèrent dans le village.

A mesure qu'ils arrivaient, leurs premières
paroles étaient invariablement de demander à
boire et à manger, car, pour le soldat, la *po-
potte* prime tout, et ceux-ci étaient excusables de
suivre cette tradition, qui date sans doute de la
première armée qui existât jamais. Mais, depuis
longtemps, le village de Guénin ne contenait plus
même une croûte suffisante pour faire grignoter
un rat. Les arrivants, après constatation de l'im -
possibilité de satisfaire leur estomac, voulaient
au moins satisfaire leur curiosité. Ils demandaient
l'explication de la fusillade qui avait presque
cessé et de ces volées de cloches qui lui succé-
daient.

Pour toute réponse, on leur montrait deux individus, bien et dûment garrottés, chacun sur sa
chaise ; et, ce qui aurait au besoin prouvé que ce
n'étaient pas les frères Davenport, c'est l'impossibilité pour eux de se déficeler malgré tous leurs
efforts. Ils y avaient d'ailleurs renoncé, de même
qu'à justifier et expliquer leur conduite. Leur

voix s'était inutilement enrouée à protester contre les imprécations dont ils étaient l'objet. Ils s'étaient résignés et courbaient désormais la tête sous l'accusation trop apparente de trahison. Ce mot concorde avec tous les instincts des multitudes, répond à tous leurs besoins de lumières, justifie tous les arrêts de leur justice, flatte toutes leurs passions.

Gicquello et Dronquière avaient promis de livrer Le Diveat à Guénin ; Le Diveat n'y était pas ; donc Gicquello et Dronquière avaient trahi.

Aussi étaient-ce eux qu'on avait fait asseoir là. Non toutefois par politesse. Les chefs, qui avaient encore conservé leur sang-froid, avaient eu toutes les peines du monde à les empêcher d'être fusillés.

Chacun des arrivants mêlait ses malédictions contre eux à celles des précédents.

Ils étaient en pleine lumière et faisaient sur leurs chaises fort piteuse mine.

Le Diveat, en quittant le Chêne-Creux, avait marché directement sur Guénin et arriva au moment où le grand feu, remplissant le mieux son office, ramenait le plus d'égarés.

Il se mêla dans les rangs confus et vint se placer en face de Dronquière et de Gicquello. C'était eux qu'il cherchait, mais il ne s'attendait pas à les trouver dans cette situation.

Il comprit de suite pourquoi ils y étaient, et il comprit aussi qu'une fois sous la protection des autorités, ils s'expliqueraient et s'en tireraient.

D'ailleurs, il ne s'en remettait jamais à autrui de l'exécution de desseins aussi intimes que ceux qu'il avait conçus à leur égard.

Il vint donc se camper devant eux; mais comme ils ne relevaient pas la tête et qu'il voulait se faire voir, il se mit à pousser une sorte de sifflement comme font les fouines quand elles se hérissent, bas et presque doux.

Ce son, qui était connu de leurs oreilles, appartenait en propre à Gildas. Aussi redressèrent-ils ensemble le front, en ouvrant des yeux démesurés d'étonnement et d'effroi.

Le Diveat, dardant sur eux ses regards aigus, ressiffla encore doucement, comme pour s'affirmer et leur dire : Oui, c'est bien moi.

Leur première stupeur les tint immobiles muels.

Lui, leur dit d'une voix très calme, de façon à ne provoquer l'attention de personne autre :

— Toi, Dronquière, ton heure n'est pas venue, tu sais que je t'ai promis au bourreau; j'attendrai. — Pour toi, Gicquello, je n'ai pas le même motif d'attendre.

Il fit un mouvement.

Gicquello eut le temps de crier : Le Diveat ! Le...

Avant qu'il pût recommencer ce nom, une balle le frappa entre les deux yeux.

Un tumulte se fit. Douze ou quinze voltigeurs corses qui avaient entendu le cri, qui avaient vu l'homme tirer, se jetèrent sur lui au moment où il s'aplatissait pour fuir entre les jambes de la multitude.

Le Diveat, auquel ils s'attachèrent, en le saisissant par les bras, les jambes, le col, puis par le corps quand ils l'eurent soulevé, les ébranlait par ses mouvements convulsifs, les agitait comme une grappe humaine, et, sans chercher à les repousser ou à s'en débarrasser, car autour d'eux il y en avait cent autres prêts à les remplacer, il visait à toucher terre un moment; il y parvint dans les viscissitudes de la lutte, et, trouvant là un point d'appui, il s'élança en avant avec une telle force qu'il fit reculer violemment le groupe qui l'étreignait; par ce mouvement, les jambes s'embarrassèrent les unes dans les autres, ce bloc mobile perdit son équilibre, et tous tombèrent pêle-mêle; les voltigeurs corses, les gendarmes, les soldats, témoins de cette mêlée, voulaient venir en aide à leurs camarades; ils ne comprenaient pas contre qui ils luttaient, ne voyaient que l'uniforme, saisissaient au hasard un pied, une main, s'engageaient ainsi eux-mêmes, étaient poussés par d'autres qui survenaient, de sorte que cette masse grouillante sur le sol allait toujours grossissant; son centre se déplaçait et se multipliait par moment; il s'en formait alors autant qu'il y avait de régimes de gens s'enlaçant au hasard; et cette énorme pieuvre, tantôt se bombait en une montagne, d'où l'on entrevoyait dans l'obscurité des jambes sortir qui télégraphiaient, des bras surgir en désespérés, des têtes émerger apoplectiques; tantôt elle se répandait contre terre, où elle se tordait dans une gymnastique dont les lueurs tremblantes du bûcher rendaient l'enchevêtrement plus confus et inextricable encore. Ce monstrueux assemblage de membres emmêlés subit néanmoins la loi universelle qui veut que ce qui s'est composé se décompose, il se mit à décroître, et progressivement s'en alla jusqu'à se réduire à rien, absolument à rien, car Le Diveat, qui en avait été le noyau originaire et aurait dû en être le résidu final, n'y était même plus. On ne trouva que son fusil.

Quand l'émoi commença à se calmer, l'aurore aussi commençait à poindre, et les sonneurs de cloches à se fatiguer; mais personne n'avait plus l'air de songer à poursuivre Le Diveat.

On se demandait même si c'était bien lui qu avait tué Gicquello, lui qu'on avait empoigné, ou même si l'on avait empoigné réellement quelqu'un, et en définitive s'il etait bien sûr qu'il y eût un Gildas Le Diveat?

La majorité des militaires, surtout dans la ligne, inclinait pour la négative. Tout cela s'était fait si vite, dans un jour si faux, et le résultat était si inexplicable! Les Corses, qui sont superstitieux par leur partie italienne et dont l'amour-propre s'accommodait assez d'une explication surnaturelle, ne démentaient pas la ligne. Mais il y avait là quelques vieux gendarmes, durs à croire, qui disaient tout simplement aux lignards trop crédules : Et les cinq camarades tués hier, est ce aussi par une ombre?

Celui qui, moins que tout autre, doutait de la réalité, c'était M. le préfet. Ne sachant sur qui spécialement faire retomber sa colère, il la partageait avec équité entre tout le monde. Pour lui, bien entendu, il ne pouvait avoir encouru aucun reproche. Sans se croire peut être impeccable, car il était fort homme d'esprit, il avait pour maxime, comme le ministre Canning, que mieux vaut sans doute se tromper une fois que deux, mais qu'il vaut mieux se tromper deux fois que d'avouer qu'on s'est trompé une. Le journal dont il disposait dissimula les pertes. Dans l'impossibilité de pouvoir annoncer l'arrestation de Le Diveat, il insinua adroitement que celle de Dronquière pouvait bien en tenir lieu, et que ce fameux contumax était enfin entre les mains de la justice. Il ajoutait que les efforts combinés des voltigeurs corses, de la gendarmerie et de la troupe de ligne avaient aussi amené la destruction d'un autre brigand non moins redoutable, François Gicquello.

L'affreux Dronquière fut en effet maintenu en arrestation. M. le préfet l'avait prévenu.

Il n'était pas d'ailleurs possible de le mettre en liberté, puisqu'il se trouvait de fait entre les mains de la gendarmerie et qu'il avait à purger des condamnations capitales.

Il était loin de son compte et n'aurait pu prévoir un tel résultat de son entrevue à l'hôtel do la préfecture trois jours auparavant, quand on lui promettait, *ad libitum*, ou une haute protection pour liquider son bilan judiciaire, ou une somme de 3,500 francs qu'il irait manger ailleurs, et que, lui, se croyant plus fin que M. le préfet, et aussi peut-être meilleur patriote, se proposait, quand il l'aurait palpée, de consacrer à la prospérité des cabarets et autres mauvais lieux de son cher pays, qu'il ne quitterait jamais, non jamais.

Dronquière avait une valeur judiciaire qu'il ne semblait pas soupçonner. N'était-il pas un des trois ou quatre que Maharit Baudet avait reconnus, dans la nuit du 13 au 14 novembre 1845, parmi ceux qui complotaient l'arrestation de la diligence, et qu'elle désignait par leurs noms ou leurs sobriquets ?

Mais c'était un trésor pour la justice, que Dronquière ! Accessible à tous ses coups, et capable, pour les amortir, de toutes les trahisons, il n'hésiterait pas à faire connaître ses complices de Pontsal, et, de plus, à fournir les précieux renseignements qu'il devait posséder, pour amener leur arrestation.

Assurément, s'il avait pu croire qu'on le remettrait en liberté, c'est que les natures les plus scélérates comme les plus pures, et les plus endurcies comme les plus tendres, sont sujettes aux illusions.

A son premier interrogatoire, il n'opposa au juge d'instruction que des dénégations sèches, il

n'avait rien fait, rien vu, et ne savait ce qu'on
voulait de lui.

Le lendemain, on le mit en présence de Maharit Baudet, qui le domina par la fermeté de ses
affirmations; il commença à battre la chamade,
et, sans avouer encore, il demanda à réfléchir.

Il en avait besoin, pour établir un certain
classement parmi les nombreux crimes qu'il
avait commis. Il ne voulait naturellement faire
des aveux que sur les chefs où la preuve contre lui
était manifestement acquise, et il ne le savait pas
bien, car les trois procédures de coutumace édi-
fiées à son encontre ne lui étaient qu'imparfaite-
ment connues; d'un autre côté, il y avait des
forfaits, un surtout, remontant à la date du
21 novembre 1838, au sujet desquels il était résolu, sa culpabilité fût-elle établie avec la clarté
du jour, à ne rien avouer, parce qu'il ne pouvait
imaginer, de quelque côté qu'il se retournât, aucune atténuation plausible à sa criminalité.

Quand il revint pour la troisième fois devant
le juge d'instruction, son siège était fait.

Il déclara qu'en effet, dans la nuit du 13 au
14 novembre 1845, il assistait à la réunion dans
la ferme de Baudet; qu'il était prêt à faire connaître tous ceux qui, avec lui, avaient pris part
à l'attaque de la voiture publique, et à indiquer
le rôle que chacun d'eux avait joué dans l'organisation du complot et dans son exécution.

Il fournit ces renseignements, et il va de soi
que, d'après sa version, Le Diveat, à qui appar-

tenait la direction, avait ordonné que tous fe-
raient feu sur les gendarmes, le cocher, le pos-
tillon, les voyageurs, une décharge er masse et
un massacre général; mais que lui, Dronquière
et ses amis, avaient énergiquement protesté, ce
qui, d'abord, avait donné lieu à la scène de tumulte dans la cuisine, et puis, sur le terrain,
grâce à leur abstention, expliquait le petit nombre des coups de feu et des victimes atteintes par
les balles.

Il indiqua les noms de tous ceux qui avaient
participé, soit aux faits de meurtre, en se ser-
vant de leurs fusils, soit simplement aux faits
de vols, en contribuant à l'enlèvement des groups
d'argent.

Il n'est pas besoin de dire dans quelle catégorie il se plaça avec les siens.

Il n'omit pas d'ajouter qu'après avoir distribué
sur la route même quelques pièces de cent sous
aux gars, Le Diveat, aidé du père Baudet, qui
arriva avec des brouettes, avait fait main basse
sur tout le reste.

Quand il fallut fournir les indications utiles
pour l'arrestation de ses complices, il hésita encore, et voulut entreprendre quelque marchan-
dage. Il demanda à parler à M. le préfet. Celui-
ci refusa de venir; il envoya son secrétaire, qui
jouissait de toute sa confiance et en était
digne.

Dronquière parla de sa mise en liberté quand
il aurait tout dit.

— Ce n'est pas sérieux, lui répondit le secrétaire intime.

— Eh bien, là, quand je les aurai tous fait arrêter ?

— Pas davantage.

— Qu'est-ce qu'on me donnera donc ?

— Je ne puis rien vous promettre.

— Alors pourquoi êtes-vous venu ?

— Pour vous dire que vous n'avez qu'une
chose à faire, pendant qu'on vous interroge encore comme un témoin : dire la vérité, toute la
vérité, rien que la vérité.

Dronquière resta pensif.

Le secrétaire, en se retirant, dit cependant à
la geôle : on pourrait lui donner un peu de vin
et de tabac.

Cela fit grand plaisir à Dronquière et lui éclai-
cit les idées dans la recherche du double problème qu'il poursuivait : se tirer de l'affaire avec
ses amis et y enfoncer Le Diveat avec les siens.

L'usage du vin et du tabac ne produisait jamais sur lui un effet plus moral.

Quand il reparut dans le cabinet d'instruction,
le vieux greffier, Me Lemesle, dit au magistrat :

— Je vois à sa mine qu'il va nous mentir
comme d'habitude.

Dronquière fournit les soi-disant indications
propres à faire opérer l'arrestation des quatorze
prévenus de Pontsal qui étaient encore en liberté.

Sur les dix-neuf, il y en avait trois qui, comme

je l'ai dit plus haut, avaient péri dans les querelles que souleva le partage du butin, et un autre, Gicquello, avait été récemment tué à Guénin par Le Diveat.

Ces quatorze restants, Dronquière les rangea en deux classes : les fidèles de Le Diveat, pour l'arrestation desquels il donna consciencieusement tous les renseignements qu'il possédait, avec une attention scrupuleuse à ne rien omettre de ce qui pouvait favoriser les porteurs des mandats dans leur mission.

Quant aux deux ou trois chenapans, la lie ou l'écume des bandes, avec lesquels il avait ourdi des machinations à part, les indications qu'il fournit sur leur compte furent combinées de façon à égarer les recherches.

Ce n'est pas qu'il leur portât un cordial intérêt, il ne songeait qu'au sien, mais il pensait avec raison que ses plus intimes complices deviendraient ses plus dangereux accusateurs, s'il les faisait prendre. Eux seuls pouvaient savoir tout ce qu'il avait fait ; il le croyait du moins. « Eux seuls, se disait-il, et Le Diveat ; mais celui-ci ne sera jamais pris et ne viendra jamais parler contre moi. »

L'information sur le crime de Pontsal était terminée le 23 août 1847 ; il ne restait qu'à opérer l'arrestation des prévenus.

Le procureur du roi étant entré, ce jour-là, dans le cabinet d'instruction, le juge lui dit avec une joie visible :

— Voilà vos quatorze mandats ; vous n'avez pas besoin de les recommander à la gendarmerie, elle y ira de tout cœur.

— Je le crois comme vous, répondit le chef du parquet, elle a besoin qu'un succès vienne lui relever le moral ; le capitaine le sent bien, et agira de sa personne. Il est désolé de l'expédition de Guénin.

— Que voulez-vous, dit le juge, je l'avais prévu.

— Et moi aussi, vous savez.

— Quel fiasco ! Le plan du préfet ! A-t-on jamais vu !

— Je ne vous avais pas déguisé mon opinion, c'était absurde.

— Je ne me cachais pas non plus pour le dire, c'était insensé.

— Enfin, cinq gendarmes assassinés, huit ou dix hommes blessés on ne sait comment, un réfractaire tué on ne sait par qui, et...

— Et Le Diveat toujours pas pris, ajouta M° Lemesle, pour venir au secours de M. le procureur qui ne trouvait pas la fin de sa phrase.

— Ah, si on l'avait pris, c'était la justification stratégique du préfet, reprit le chef du parquet.

— Sa glorification.

— Si on le prend, ce sera sa réhabilitation.

— Messieurs, dit M° Lemesle, en clignant des yeux à la lumière pour ôter un petit fil qui bavait au bout de sa plume d'oie, messieurs, il ne sera pas plus réhabilité qu'il n'a été justifié.

— C'est-à-dire qu'on ne prendra jamais Le
Diveat?

— Jamais, monsieur le juge.

— Qu'en savez-vous?

— Parce que je le connais.

— Eh bien, maître, puisque vous le connaissez,
dites-nous donc comment il a fait pour s'échapper
des mains des voltigeurs. Mais ne nous parlez
pas de surnaturel, vous savez.

— On m'a raconté que le lendemain matin, on
trouva dans la forêt de Guénin une capote de
voltigeur corse et que le militaire à qui elle appartenait l'avait perdue dans la lutte, quand ils
se jetèrent à plus de cent sur Gildas. Aura-t-il
pu, au milieu de la bagarre, se glisser dans cet
uniforme, et fuir sous ce déguisement?...

— J'admets ça, maître Lemesle, car si c'est
difficile, ce n'est pas impossible à croire, comme
vos contes à dormir debout.

— Mes contes?

— Allons, ne nous fâchons pas, et dites-nous
plutôt où vous pensez qu'il est maintenant.

— Messieurs, il est partout.

— Bon, vous allez encore commencer votre
antienne. Vous croyez ça, vrai?

— Oui.

— Quoi

— Qu'il est partout.

— Là, en chair, en os, en corps?...

— Je ne dis pas cela.

— Que dites-vous donc?

— Je m'entends.

— Mais qu'entendez-vous?

— Il vaut mieux être son ami que son ennemi.

— Il ne s'agit pas de cela. Vous dites qu'il est partout.

— Je dis qu'il peut entrer partout, qu'il voit partout, qu'il entend partout, qu'il frappe partout, que vous le trouverez peut-être dans votre chambre ce soir, qu'il vous attend peut-être au sortir du palais, qu'il monte peut-être notre escalier, qu'il écoute peut-être derrière cette porte...

Un bruit se fit à la porte.

La voix du vieux greffier avait comme un fond de terreur sincère qui était impressionnante.

Il s'arrêta et regarda la porte en haussant ses sourcils grisonnants.

Le procureur avait aussi entendu le bruit, mais il ne voulait rien faire paraître.

— Avec des peut-être, dit-il, on va loin, on met Le Diveat où l'on veut, dans ma chambre, sous mon lit, derrière la porte...

On frappa deux coups distincts à la porte.

Le procureur, qui était entre la porte et le bureau du juge, passa de l'autre côté, et là, près de son collègue et du greffier, ils avaient ce meuble comme rempart.

Leurs trois têtes se dressaient par-dessus et regardaient la porte.

Un moment se passa.

Trois autres coups furent frappés et semblaient,

par leur rapidité et leur violence, marquer une
main impatiente.

— Dites d'entrer, Lemesle.

— Dites, vous, monsieur le juge.

— Entrez ! s'écria le procureur, trop haut pour
n'avoir pas peur.

Rien ne bougea, ne répondit.

Un bon moment se passa encore.

Alors une série de coups terribles furent frappés à la porte, et l'on entendit comme un sanglot.

Une voix inquiète se fit entendre dans l'escalier, elle se rapprochait. La porte s'ouvrit. La
concierge entra, poussant devant elle son jeune
fils de quatre à cinq ans.

— Donnez donc, dit-elle, des commissions aux
enfants ! Voilà un quart d'heure que celui-ci était
monté pour porter une lettre à monsieur le juge,
et il était là à la porte, sans pouvoir seulement
trouver le bouton. Avec ça, il est si petit, le
pauvre, et il fait si noir dans l'escalier, car pour
méchant, il n'est pas.

Et elle amena le moutard, qui n'a jamais su
l'effroi qu'il avait causé à trois hommes de robe,
dont la profession est d'avoir du courage moral.

Pendant que Le Diveat n'était pas à la porte du
cabinet de monsieur le juge d'instruction de
Vannes, il était à la ferme de Kernoa, chez les
Tuguédy, et, juste à ce moment-là, il s'amusait
dans la grande cuisine à jouer aux palets avec
Maria Le Drogo, au moyen de pièces de 5 francs
provenant de Poutsal.

Quand la nuit fut close, il se mit en route, portant sur l'une de ses épaules son fusil, et sur l'autre un bissac dont les deux poches étaient bien tendues par le poids de l'objet qu'elles contenaient.

Il fit une immense tournée dans le périmètre que nous avons vu occupé quelques jours auparavant par le troisième cercle formé des soldats de ligne. Il entra dans dix fermes où il devait rencontrer les gars fidèles, contre lesquels des mandats venaient d'être décernés pour le crime de Pontsal.

— Comment le savait-il ? — Voici.

Depuis qu'il avait fait une bonne demi-douzaine de chemises pour la dame du gardien-chef de la maison d'arrêt, toutes les filles et femmes de la prison, lavandières, couturières, repasseuses, l'avaient supplié de leur en donner au moins une.

— Vous ne me refuserez pas, monsieur Le Diveat, je vous fournirai le fil, et vous n'aurez pas affaire à une ingrate.

Avant de quitter la prison, il avait promis une chemise à chacune d'elles, même sans leur demander le fil ; mais il prit à part une de ces femmes, qu'il sut choisir avec la certitude de jugement qu'un instinct merveilleux donnait à cet homme, infaillible dans les choses de son ressort intellectuel, et lui dit :

— Autant vous me rendrez de services, autant vous aurez de chemises. Vous connaissez Le Ménez, le boulanger, qui vient deux fois par jour ici, le matin porter son pain et l'après-midi reprendre ses paniers ; il vous dira ce que je voudrai savoir, vous le lui apprendrez ; et, à chaque bon renseignement, une bonne chemise. Peut-être aurez-vous besoin de faire parler des gens ; voilà 40 francs, vous direz à Le Ménez chaque dépense que vous ferez. J'en donnerai d'autre quand il faudra.

Il lui remit huit pièces de 5 francs en or, qu'il prit dans la garniture de cuir du bas de sa veste.

Et selon son habitude, il ajouta, pour conclure son marché avec cette femme, la phrase suivante, qui lui était familière et que je traduis vaille que vaille de son breton plus concis :

Ayez peur et n'ayez pas peur : avec moi, je vous tirerai de partout ; contre moi, vous ne serez jamais bien cachée.

Quand il sut que Dronquière avait été appelé plusieurs jours de suite à l'instruction, il ne lui fut pas difficile de deviner ce qui se passait. D'ailleurs, le prévenu avait plusieurs fois répété, quand on l'amenait et ramenait, que Le Diveat et les siens allaient *la danser*.

Le Ménez, qui fournissait aussi du pain à la concierge du palais de justice et à la caserne de gendarmerie, ayant appris que 14 mandats venaient d'être lancés, en donna immédiatement avis à Le Diveat.

Le nombre de 14 était un indice significatif, puisqu'il indiquait le chiffre des 19 acteurs de

Pontsal, défalcation faite des 4 morts et du détenu Dronquière.

C'est pourquoi Gildas se mit en route pour sa tournée.

Il fit dix visites pour voir ses dix amis.

Il informa chacun d'eux de ce qui se passait, se concerta avec eux, leur donna ses instructions, leur indiqua le lieu où ils devaient se rendre, en se dispersant.

— Il faut, leur dit-il, à mesure qu'il les visitait, que tu sois un mois absent du pays, que personne ne t'y voie ; préviens tes parents qu'on fasse courir le bruit que, depuis longtemps, tu es passé aux îles anglaises, et qu'on n'a plus de tes nouvelles. Dans un mois, tu reviendras me trouver à Kernoa, et nous verrons. Pars dès cette nuit ; les gendarmes viendront demain matin. Voilà 200 fr.

Ses dix amis et lui faisaient onze mandats.

Les trois autres concernaient des complices sur la fidélité desquels il n'avait jamais compté.

Il résolut de les laisser arrêter. Mais si, comme il le savait, c'étaient des affidés de Dronquière, celui-ci, ayant intérêt à ce qu'ils fussent en liberté, avait dû égarer la justice et, par les indications qu'il avait données, dérouter ses recherches. Ce n'était donc pas assez de s'abstenir à leur endroit, il fallait aider la gendarmerie. Gildas savait parfaitement où se trouvaient ces trois individus. Il en informa qui de droit.

Aussi le lendemain, au point du jour, et avant même que les mandats fussent parvenus au lieu-

tenant de Baud qui devait, pour leur exécution,
les distribuer dans les brigades, cet officier reçut
une note indiquant, pour les trois inculpés dont
il s'agit, la ferme où se trouvait actuellement.
chacun d'eux, son signalement, son costume, son
genre de travail et jusqu'à l'endroit précis où on
le rencontrerait, à telle heure déterminée du
jour ou de la nuit.

Ils furent arrêtés tous trois sans difficulté. Aucun des autres mandats ne put être exécuté.

Dronquière fut stupéfait en apprenant ce
résultat. — Gildas, se dit-il, a passé par là. —

La procédure fut bientôt close contre lui et ses
trois co-prévenus, qui se nommaient Vincent
Bréant, Pierre Bréant, son frère, et Nicolas Ternisien.

L'accusation fut portée devant la cour d'assises
du Morbihan, à la session du mois de novembre
1847, sous la présidence de M. le conseiller de
Lescope. Il fut tiré un juré supplémentaire, l'affaire pouvant être de longue durée, car l'arrêt
de renvoi comprenait, contre les quatre accusés,
indépendamment du crime de Pontsal, les attentats pour lesquels ces individus avaient été pré-
cédemment condamnés par coutumace.

La procédure orale se déroulait depuis deux
jours ; et les témoins, entendus déjà en grand
nombre, n'ayant à déposer que sur des circonstances accessoires, n'apportaient pas de lumière
dans le débat. Le caractère que Dronquière, dont
les dires étaient actuellement confirmés par ceux

de ses co-accusés, avait voulu, dès le débat, im-
primer à l'affaire, s'accentuait de plus en plus.
Les juges, les jurés, le public, qui d'abord
avaient eu de la répugnance à admettre cette
version, ne la voyant contredite par personne ni
par aucun fait démonstratif, inclinaient visible-
ment à la regarder comme vraie. Le président et
l'organe du parquet semblaient admettre que Le
Diveat et ses adhérents, contrairement à l'avis
de Dronquière, avaient seuls fait feu sur les gendarmes ; et l'on en était presque arrivé à féliciter
les accusés de la résistance, qu'aux périls de leurs
jours, ils avaient opposée à cette résolution sanguinaire. Les avocats avaient plusieurs fois fait
remarquer déjà, comme une preuve évidente, que
la principale responsabilité devait retomber sur
Le Diveat et les siens, que ces derniers s'étaient
tous dérobés par la fuite au jugement, tandis que
ceux qu'ils avaient entraînés au crime en les
trompant sur son énormité, s'étaient laissés
prendre et venaient se soumettre à la haute, im-
partiale et intelligente justice de leur pays.

Cette observation, présentée à diverses reprises,
disposait favorablement MM. les jurés.

Les honorables conseils avaient donc compris
d'abord qu'ils avaient, avec certitude, conquis
les circonstances atténuantes, ce qui dépendait
du jury ; puis, leurs efforts s'étaient tournés du
côté de la cour, qui pouvait, à son gré, abaisser
la peine d'un ou de deux degrés, et ils se flat-
taient encore d'avoir fait, de ce côté, une

nouvelle conquête sur le chemin de la défense.

L'un d'eux, et ils étaient six, car l'affaire ayant un faux air politique à cause de la qualification de réfractaire, deux avocats stagiaires s'étaient assis près des anciens pour recevoir un rayon oblique de leur gloire ; l'un des six conseils, le plus madré et le plus audacieux, que des succès avaient enhardi et qu'aucune défaite n'avait jamais pu intimider, M⁰ Gordon, qu'on avait surnommé M⁰ Risquons-tout, résolut de plaider l'acquittement complet de trois des accusés. Une fois son thème fait, il commença, d'abord en termes voilés, puis avec clarté, à l'introduire aux débats.

— C'est, disait-il, messieurs, une question de principe avant tout. Ne perdons jamais de vue les principes. Une condamnation seule, aussi bien que quatre, sauve les principes. Les hommes de principes devant lesquels j'ai l'honneur de parler, me comprendront, etc.

M⁰ Risquons-tout souleva plusieurs incidents dans l'unique but d'avoir l'occasion de présenter cet aspect de l'affaire et de l'acclimater dans le milieu judiciaire où il parlait.

Ces principes qu'il invoquait n'étaient autre chose qu'un appel aux jurés légitimistes, une allusion au droit divin sous le règne de l'usurpateur Louis-Philippe, et un prétexte fourni aux défaillances de la justice.

Par une autre habileté, M⁰ Risquons-tout avait fini par concentrer uniquement la discussion dans le fait de Pontsal, après avoir affirmé, et, ajoutait-il, démontré, que tout le reste concernant de vieilles informations de contumace, ne se tenait pas debout.

Cette distinction faite, il proclama, pour toutes les accusations anciennes, l'innocence des quatre accusés, car il les prenait tous sous son patronage, et, quant au crime de Pontsal même, il adjura MM. les jurés d'avoir le courage de leur opinion, au nom des principes.

Le procès s'en allait ainsi à vau-l'eau. Quatre hommes couverts de crimes, Dronquière en particulier, le plus abject scélérat qui se pût rencontrer, s'en tireraient par la réclusion, et avaient de chances sérieuses d'acquittement.

L'accusation eut un autre malheur. Le chef du parquet était tombé malade la veille de l'ouverture des débats. Son substitut, chargé de l'affaire à l'improviste, insuffisamment préparé, se sentait comme énervé, dans cette atmosphère si sympathique à la défense. Il s'efforçait de réagir contre le découragement qui l'envahissait. Plusieurs fois, comprenant bien l'amoindrissement qu'un acte de faiblesse imprimerait à ses fonctions, il s'était levé, résolu à faire entendre d'énergiques protestations ; ses forces ou sa volonté le trahissaient, il se rasseyait affaissé. Ce n'était cependant ni un homme sans courage, ni un magistrat sans mérite. Il est mort jeune et n'a pu donner la mesure de ce qu'il valait. Peut être, étai-ce un de ces caractères pour lesquels Prud'homme ou Talleyrand, car le mot peut être aussi bien de l'un que de l'autre, a dit « que rien ne réussit que le succès, » et l'organe du parquet, ce jour-là, voyant crouler l'accusation, semblait choir avec elle. Parmi les orateurs d'audience, il y en a qui portent leur affaire, d'autres qui ont besoin d être portés par elle. Plus tard, et dans la même cause, celui-ci prit sa revanche.

Le procès en effet ne devait pas être jugé ce jour-là, ou cette nuit-là plutôt, car il était près de onze heures du soir, quand, les plaidoiries terminées, le président, avant de commencer son résumé, dit aux accusés, selon le vœu de la loi :

— « Avez-vous encore quelque chose à ajouter pour votre défense ? »

M° Risquons-tout fit un geste superbe de négation et ses clients firent entendre quatre *non*.

A ce moment, quelque chose bondit du fond de la salle au milieu du prétoire, en face de l'estrade ou siégeait la Cour ; chose qui laissait voir indistinctement une forme humaine sous une coiffe qui la couvrait par en haut et un jupon qui la terminait par en bas.

D'un tour de main, jupon et coiffe disparurent, un homme resta.

— Qui êtes-vous ? Que voulez-vous ? demanda le président, en faisant signe à l'huissier et aux gendarmes de service, qui s'étaient approchés, de ne pas s'avancer davantage.

Silence ! cria l'huissier, qui prévint l'ordre qui allait évidemment lui être donné de pousser ce cri.

Le silence se rétablit sous l'empire de la curiosité qui domina les rumeurs de la foule.

Alors on entendit une voix claire et assurée, un peu traînante comme un miaulement, qui disait :

— Je suis Gildas Le Diveat et j'apporte la vérité.

Un frisson courut dans la foule et fut ressenti partout.

Mᵉ Risquons-tout se tourna vers Dronquière, qui se pencha de son banc pour lui parler à l'oreille.

— C'est bon, répondit l'avocat à mi-voix.

— Dronquière vient de dire, reprit Le Diveat, qu'il ne me connaissait pas : il me connaît.

— A qui, demanda le président, a-t-il dit cela?

— A son avocat, je l'ai bien entendu.

— Non, dit Dronquière, d'un ton qu'il voulait rendre ferme, non je ne le connais pas, ni lui moi non plus.

— Avant d'en arriver là, reprit le président, dites-nous, Le Diveat, pourquoi vous venez ainsi troubler la cour d'assises?

— Pour vous dire, monsieur le président, et à tous ces messieurs les jurés, que vous n'avez entendu ici, depuis que l'audience est ouverte, qu'un tissu de mensonges. Je me constitue prisonnier, puisqu'on me recherche pour Pontsal ; je m'expliquerai à mon tour ; on jugera alors entre Dronquière et moi. Mais puisqu'il faudra que la justice choisisse entre ses assertions et les miennes, j'ai intérêt auparavant à le faire connaître. Entre beaucoup de crimes dont il n'a pas encore été question, c'est lui qui, le 21 novembre 1838, avait scié, à l'aide d'une grosse ronce, la pauvre petite Vincente Scaër, âgée de huit ans, à sept heures du soir, au village de Kergus, où elle fut trouvée morte, le lendemain matin, dans le courtil, à la porte de sa maison, ses intestins répandus des deux côtés d'elle, sur la terre. J'en donnerai la preuve.

Un frémissement d'horreur parcourait l'assemblée.

Le Diveat reprit :

— C'est lui qui, le 2 mai dernier, sur la route qui traverse la forêt de Pontsal, a lâchement assassiné M. Goët, le receveur de l'enregistrement, qui prouvait cependant que jamais il n'avait fait sciemment de tort aux réfractaires.

C'est un bourreau d'enfants, un tueur d'innocents et un vendeur de frères.

Je prouverai tout. Je me livre pour caution de la vérité que je dis.

Une agitation extrême succéda à ces paroles.

Mᵉ Risquons-tout, qui vit l'effet produit par leur énergie et l'accent qui les animait, prit des conclusions écrites « aux fins que, l'affaire en cours d'instruction orale à la présente audience, se trouvant en état, elle reçût une solution sans désemparer. »

Peut-être, s'il s'en était tenu là, la cour eût-elle fait droit à sa demande, mais il crut devoir ajouter que l'incident devait avoir d'autant moins de valeur que Dronquière ne connaissant pas Le

Diveat, celui-ci ne pouvait pas le connaître.

Il ranima ainsi le débat sur la première question que son client avait soulevée.

La parole fut passée au ministère public. Celui-ci, dès l'apparition de Le Diveat, y avait vu une planche qüe lui envoyait le plus inattendu des hasards, pour le sauver du naufrage où sombrait l'accusation.

Il connaissait d'ailleurs assez Le Diveat pour savoir que ce qu'il disait contre Dronquière devait être exactement vrai,

Son devoir était donc de faire renvoyer la cause à une autre session pour qu'il fût procédé à une information supplémentaire.

Toutefois, pour paraître abonder dans le sens de l'avocat et respecter jusqu'au scrupule les droits de la défense, il dit qu'il lui paraissait utile, ainsi qu'à l'honorable Mᵉ Gordon, avant de sé prononcer définitivement sur la valeur de l'incident, de s'assurer si, comme le soutenait l'accusé Dronquière, celui-ci ne pouvait pas être connu de Le Diveat.

La cour partagea cette opinion, après avoir délibéré près d'une demi-heure à la chambre du conseil.

Pendant la suspension d'audience que cette délibération nécessita, Le Diveat resta debout à l'endroit où il s'était placé en arrivant; personne ne vint lui parler, car il inspirait une sorte de terreur; mais les gendarmes furent incapables de maintenir la foule qui faisait irruption de tous côtés pour le voir. Les jurés mêmes, les quelques magistrats du siège qui étaient là comme curieux, les avocats, passaient et repassaient autour de lui, pour l'inspecter des pieds à la tête. Il était impassible, sans jactance, sans gêne. Il ne souffla pas un mot.

Quand la cour rentra, chacun reprit sa place et M. le président, pour régulariser l'incident, prononça un arrêt aux termes duquel les débats n'ayant pas été clos, il n'y avait pas lieu de les rouvrir (ce qui était d'une vérité incontestable) ; il ordonna que Le Diveat serait entendu, sans prestation de serment, et à titre de simples renseignements. Il ajouta, comme commentaire de l'arrêt, que l'incident ne s'étendrait pas au delà de la constatation de la *reconnaissance* ou de la *méconnaissance* du témoin et de l'accusé.

— Le Diveat, dit-il, où avez-vous vu et connu Dronquière ?

— Je le connais depuis 1832, que j'ai commencé à frayer avec les bandes, et je l'ai vu plus de mille fois peut-être.

— Et vous, Dronquière ?

— Je ne l'ai jamais vu ni connu.

— Comment, Le Diveat, pouvez-vous prouver vos dires ?

— Mais en vous racontant toute sa vie depuis quinze ans, si vous voulez.

— Non, un seul fait, mais précis et concluant.

— Eh bien, je vous ai dit tout à l'heure qu'il avait, dans la soirée du 21 novembre 1838, assassiné par d'horribles mutilations, la petite Vincente Scaër. Un an après, un des gars, nommé Ivon Ivias, lui reprocha cette abomination dans le cabaret de Locmaria, en présence de beaucoup de monde. Dronquière sortit, et, rentrant quelques minutes après, un pistolet à la main, il fit feu sur Ivon ; mais il avait trop chargé l'arme, elle éclata, et, en crevant, lui fit une blessure profonde et longue, entre le pouce et l'index de la main droite. J'étais là, et je pourrais citer encore dix personnes vivantes qui s'y trouvaient aussi. Voyez son pouce.

— Dronquière, qu'avez-vous à dire ?

— C'est faux, répondit-il ; mais sa voix tremblait.

« Il faut voir la main, » murmurait-on de tous côtés.

Silence ! cria encore l'huissier de service. Il y avait dans l'auditoire un médecin qui, lors du crime de Pontsal en 1845, avait dressé procès-verbal des blessures des deux gendarmes et qui était venu en déposer.

— Monsieur le docteur Bourdais, dit le président, veuillez examiner la main droite de l'accusé.

Le docteur s'avança, mais Dronquière se refusa à la vérification.

Le président se pencha vers chacun de ses assesseurs et échangea quelques mots à voix basse avec eux.

— Il est inutile d'insister, dit-il tout haut, l'incident est vidé.

Puis il ajouta d'un ton plus solennel : « L'affaire est renvoyée à une autre session. »

Le supplément d'information fut promptement fait, grâce à Le Diveat, qui eut bien vite, dans les confrontations, retourné les trois co-accusés de Dronquière, et démontré que c'était celui-ci qui avait tué les gendarmes de Pontsal, comme d'ailleurs il s'en était vanté souvent.

— Moi, disait Le Diveat, je n'ai jamais tiré sur un gendarme qui ne m'eût fait du mal auparavant, et je ne connaissais pas ceux qui escortaient la diligence.

Quant aux deux assassinats de la jeune Scaër et de M. Arthur Goët, les preuves furent telles, que l'accusé renonça à y opposer des dénégations.

Les nombreux crimes qui avaient motivé les condamnations par contumace contre Dronquière ne furent pas moins clairement établis à sa charge.

Ce fut donc à la session de février 1848, qui s'ouvrit le premier lundi du mois, que l'affaire fut reportée aux assises. Mᵉ Gordon se trouva indisposé et ne crut pas devoir risquer tout son crédit sur le jury, en venant plaider au moins les circonstances atténuantes.

Avant l'audience, Le Diveat demanda à parler au président des assises qui, cette fois, était M. le conseiller Le Meur, un des magistrats les plus autorisés de la cour de Rennes, qui a de tout temps compté des hommes d'un mérite exceptionnel dans ses rangs.

La communication que lui fit Le Diveat était assez grave pour qu'il appelât dans son cabinet ses deux assesseurs, le procureur du roi et le juge d'instruction.

— Le Diveat, leur dit-il, demande que l'on disjoigne son affaire de celle des quatre autres accusés. On ferait juger immédiatement Dronquière, les deux Bréant et Ternisien. Il lui répugne au plus haut point d'être associé à la même condamnation qu'eux. Il dit que, si on lui accorde cette grâce, il en sera reconnaissant et qu'aujourd'hui, n'ayant plus d'ennemis personnels dans la gendarmerie, il s'emploierait volontiers à la tranquillité du pays. Il m'inspire confiance. Etes-vous comme moi d'avis de la disjonction ?

On discuta et on s'arrêta à l'opinion du président.

L'accusation contre Le Diveat fut donc renvoyée à une session ultérieure. Il demeura cependant à l'audience pour donner des renseignements. Dans un réquisitoire foudroyant, le substitut anéantit Dronquière.

L'impression d'horreur et de dégoût qui sortit du monceau de forfaits accumulés par cet accusé, fouillis de scélératesse où le cynisme le disputait à la cruauté, les instincts cupides aux appétits féroces, fut telle que, non seulement la condamnation passa à l'unanimité du verdict, mais que la Cour de cassation se hâta de rejeter le pourvoi et le gouvernement d'ordonner l'exécution, qui eut lieu le 24 février 1848, à huit heures du matin, sur la place de Grandchamp.

Le soir, on apprit la Révolution. J'allai voir Le Divest à la prison.

— Eh bien, Gildas, lui dis-je, le bourreau a dégagé votre parole, on a guillotiné Dronquière.

Il me fit simplement un signe de tête affirmatif. Il le savait déjà. Ses yeux étaient inondés de délices.

— Et on a détrôné Louis-Philippe, ajoutai-je.

— Oui, répondit-il. Les uns par ici l'appelaient un voleur de couronne, les autres le bon roi des paysans.

— Et vous?

— Moi, je vais m'en aller.

— Comme cela, tout simplement?

— Oui, rien ne me retient plus en prison, et j'ai des affaires.

— Quelles donc, Gildas ?

— Voilà, monsieur, que les ajoncs vont recommencer à fleurir, je les sens, je les vois, il faut que je les touche ! Je veux parcourir les sentiers, me rouler aux pieds des beaux genêts, monter aux grands hêtres du Goas, pour voir le soleil soir et matin ! Des bois, des fleurs, de l'air ! Je veux Locqueltas ! Embrasser ses arbres, boire à ses fontaines, m'agenouiller à son baptistère, l'avoir encore ! Si le bon Dieu me disait : Gildas, qu'aimes-tu mieux, aller à Locqueltas ou bien entrer dans mon paradis? — Quand je devrais fâcher le bon Dieu, je lui répondrais : Je vais à Locqueltas.

Et puis, monsieur, ajouta-t-il, mes enfants ont besoin de moi.

— Vos enfants?

— Oui, ceux qui par moi n'ont plus de père, je suis leur père. Maria Le Drogo est ma fille aînée. Je la marierai bien à celui qu'elle aura choisi, car elle sera riche, j'ai l'argent de Pontsal. Et les enfants des cinq gendarmes de la journée de Guénin! Je les connais tous et je me dois à eux. Si je reste ici à quoi leur servirai-je? Voyez-moi : je n'ai jamais été gros et puissant, mais mon pauvre corps s'en va à rien. J'étouffe, je péris. Locqueltas m'attend, mes enfants m'appellent! Ne pleurez pas, pauvres petits, je vais à vous...

Le Diveat, droit devant moi, posa ses deux mains sur mes épaules, fixa sur moi ce regard immobile qui n'appartient qu'aux animaux. Il sortait de ses yeux des effluves dont je sentais le contact matériel. Je me reculais, je le repoussais; mais il me dit d'une voix si plaintive : « Vous voyez bien qu'il faut que je m'en aille, » que je ne ressentis plus ni terreur ni dégoût.

— Mais, lui demandais-je, comment sortirez-vous d'ici?

— Mon idée est de me cacher dans ma cellule; ne me trouvant plus, le gardien criera et s'en ira en laissant la porte ouverte; je descendrai après lui, et, d'une des chambres du promier étage, où est le dortoir des malades, je sauterai dans la rue.

— Mais comment vous cacher ici?

— Demain soir, monsieur, quand la nuit sera venue, on fera la visite. Voyez-vous ce crampon scellé là-haut?

Et il me montrait un morceau de fer dans la pierre formant la clef de voûte de sa prison.

Ce cachot, très étroit et très élevé, avait servi, je crois, de cellule pénitentiaire pour les moines, car la maison d'arrêt de Vannes était installée dans un ancien et vaste couvent. Ce crampon avait sans doute été destiné à suspendre une lampe hors de l'atteinte des détenus. Il était à vingt-huit pieds au-dessus du sol où nous marchions.

— Le voyez-vous? répéta Le Diveat en ôtant ses sabots.

Il se plaça au-dessous, et, fléchissant les jarrets, il bondit perpendiculairement, saisit le crochet de fer de ses deux mains et y ramena ses pieds, de sorte qu'en un clin d'œil, il fut ramassé et pelotonné dans le creux de la voûte, comme une grosse araignée. Il fallait véritablement savoir qu'il y était pour l'y voir. Collé à la pierre, il retourna la tête vers en bas et me regarda. Quand je l'eus bien vu, il lâcha simultanément le crampon des pieds et des mains et retomba sur la terre, sans faire assurément plus de bruit qu'un chat en aurait fait. Ce ressort d'acier humain alla s'asseoir tranquillement sur sa paille.

— Voilà, dit-il, comme je me cacherai demain soir. Il fera nuit. La lanterne du geôlier n'éclaire pas par en haut. Il ne me verra point, il sortira en appelant. Je vous ai déjà dit le reste.

— On ne vous met donc pas les fers?

— Si.

— Vous ne les avez pas?

— Je les ai retirés quand vous êtes entré. Vous ne m'avez pas vu?

— Non.

— Je ne les remets que quand les gardiens viennent.

— Facilement?

— Oui, assurément, comme ça.

Et il emboîta ses fers à peu près comme on passe un gant fatigué ou plutôt une chaussette.

— On ferait aussi bien de vous les ôter, dis-je.

— Oh, non, je ne veux pas qu'on me les ôte.

— Comment?

— J'en aurai peut-être besoin en partant.

— Pourquoi faire?

— Pour tuer donc ceux qui voudront m'arrêter, répondit-il naïvement.

— Quoi, vous oseriez?

— Et revoir Locqueltas et secourir mes enfants!

Et dans l'accent dont il prononça ces derniers mots, il entrait encore quelque chose de l'exaltation qui s'était emparée de lui tout à l'heure.

Je sentais bien que ces confidences faisaient peser sur moi une responsabilité. J'y réfléchissais. Le dénoncer? Le dissuader? L'un me parut aussi impossible que l'autre.

— Adieu, Gildas, lui dis-je.

Et en passant devant la cuisine d'en bas, où le geôlier-chef causait de la révolution avec ses aides, comme ils me saluaient.

— Bonne chance, messieurs, leur répondis-je.

Le lendemain soir à neuf heures un quart, Le Diveat sortit de la prison, comme il me l'avait annoncé; il laissa ses fers près de la porte en dehors, et ils ne servirent qu'à faire connaître qu'il était passé par là, car personne ne l'avait vu, pas même les infirmiers et les malades du dortoir.

C'était, il est vrai, le 25 février 1848, et ce soir-là était peut-être plus propice qu'un autre aux évasions.

Cette révolution de 1848 commença par faire le bonheur des bandes et finit par causer leur ruine. Voici comme.

M. le marquis de La Rochejaquelein persuada au gouvernement provisoire, près duquel il était en faveur à raison de son opposition à la royauté de juillet, qu'une levée de boucliers était imminente dans l'Ouest, et, pour la conjurer, obtint que des saufs-conduits seraient accordés aux réfractaires.

Ceux-ci furent en conséquence autorisés à venir prendre à la préfecture des cartes qui leur garantissaient l'impunité pour le passé et les remettaient dans la libre circulation de tous les citoyens français.

Sur la foi de ces tickets, ils se mirent à vivre de la vie commune, se mêlèrent à toutes les affaires publiques de leurs villages, se montrèrent partout avec ostentation, affectant même de narguer les gendarmes. S'ils avaient été plus modestes dans leur triomphe, peut-être eût-il duré plus longtemps.

Mais la République ne tarda pas à reconnaître que cet épouvantail qu'on lui avait fait d'une insurrection en Bretagne était chimérique. Elle eut honte d'avoir eu peur; et M. Crémieux, le garde des sceaux nécessaire de toutes les révolutions, eut le mérite, qui lui sera compté, de rapporter la mesure prise en faveur de ces contempteurs des lois. Il leur retira les saufs-conduits.

Douze jours furent accordés aux réfractaires pour se mettre à l'abri des recherches. Ils se hâtèrent d'en profiter; mais leur situation était grandement changée. Rien ne ressemble plus à un paysan honnête qu'un réfractaire sans fusil et sans cartouchière. Ce qui les protégeait auparavant, c'était précisément l'impossibilité de les reconnaître dans les foules. Maintenant que, pendant un mois de ce jubilé qu'ils devaient à l'imprévoyant marquis, ils s'étaient montrés à la gendarmerie, dans les églises et dans les cabarets, dans les pardons et dans les *Boudineries,*

solennités pantagruéliques qui ont lieu précisément au mois de mars, leurs individualités
étaient trop bien connues pour leur permettre
désormais de se soustraire à l'exécution des mandats.

C'est à ce moment que l'action de Le Diveat
fut décisive.

Il fit deux catégories des réfractaires.

Il y en avait en tout cinq cent onze.

Dans la première catégorie, il plaça ceux
contre lesquels il n'y avait pas encore de condamnations par contumace et qui, en conséquence, n'avaient pas été l'objet d'incriminations
justifiées.

Dans la seconde, tous ceux qui étaient l'objet
de condamnations.

Il partagea encore cette seconde catégorie :

D'une part, les gars qui lui avaient été particulièrement dévoués ; de l'autre, ceux à qui il
ne portait qu'un intérêt général.

Il dressa cette liste, et, le 27 mars 1848, je le
vis arriver chez moi, vers dix heures du soir.

Il m'expliqua en deux mots son projet et me
pria d'en proposer l'adoption aux autorités.

Il se retira en me disant qu'il reviendrait le
lendemain dans la matinée. Vers sept heures, en
effet, il reparut. J'allai à la préfecture, au parquet, chez le général. Une réunion eut lieu à
midi. J'y introduisis Le Diveat, qui était porteur
de son sauf-conduit, valable jusqu'au 1er avril.

Il assura qu'il était en situation de faire constituer immédiatement, c'est-à-dire d'amener devant les autorités tous les réfractaires contre lesquels il n'y avait pas de condamnations. Ils étaient au nombre de deux cent quarante-neuf.

Il déclara que, parmi les condamnés contumaces, il y en avait cent soixante-neuf qu'il s'engageait à faire sortir de France, se portant fort qu'ils n'y rentreraient pas avant cinq ans.

Enfin, il donna les noms des quatre-vingt-treize autres condamnés contumaces dont il demandait qu'on tolérât la résidence dans leurs foyers, se faisant personnellement garant de leur bonne conduite à l'avenir.

Moyennant ces conditions, il promettait que les anciennes bandes ne se recruteraient plus.

En temps normal assurément, ces compromissions eussent été inacceptables. Le 28 mars 1848, en face des embarras du présent, des éventualités de l'avenir, elles parurent offrir une solution heureuse à une situation incertaine. L'événement fit voir qu'il y entra autant de clairvoyance que de générosité.

On ne signa rien, on ne spécifia rien, on ne promit rien, et les propositions si nettes de Le Diveat furent noyées dans un flot d'acceptations et de rétractations, de restrictions et de corrections, au milieu desquelles il comprit bien toutefois que s'il purgeait le pays de ses éléments actuels de trouble, et s'il parvenait à les empêcher de renaître, on était disposé à ne pas l'inquiéter, non plus que ses camarades.

Il n'en demandait pas davantage.

Avant le 1ᵉʳ avril, les deux cent quarante-neuf réfractaires non condamnés vinrent à la préfecture de Vannes se constituer. Ce n'étaient que de simples insoumis, passibles des conseils de guerre. Ils durent subir un emprisonnement de quelques jours pour la forme, et furent incorporés comme conscrits dans l'armée, où ils ont fait leur temps.

Les cent soixante-neuf condamnés qui devaient sortir de France retournèrent pour la plupart aux îles de Jersey et de Guernesey, où ils avaient de tout temps l'habitude de chercher un refuge, quand la force publique les serrait de trop près. Le Diveat leur donna à chacun 300 fr., en recevant leur serment de ne pas rentrer avant cinq ans.

Cette prime d'ailleurs était prise sur les 208,000 fr. restés en sa possession depuis le coup de main de Pontsal.

Quant aux quatre-vingt-treize autres condamnés, demeurés dans le pays, sous l'empire d'un compromis que la bonne foi avait sanctionné, mais auquel la loi judiciaire ne pouvait donner sa consécration officielle, ils surent apporter une grande réserve dans leur conduite.

Le Diveat y veillait.

Lui-même ne fut jamais l'objet d'aucune décision régulière, d'aucune mesure de grâce. On laissa simplement tomber en péremption les procédures qui le concernaient.

De 1848 à 1852, il eut besoin d'une activité sans repos pour empêcher les bandes de se reformer. A toutes les époques, on les avait vues augmenter en nombre et accroître en force, dans les temps de troubles sociaux et de commotions politiques.

Dans les derniers mois de 1851, il put craindre d'être débordé. Trois des condamnés sortis de France venaient d'y rentrer. Il les invita à quitter le pays. Ils s'y refusèrent et même parvinrent à détourner quelques jeunes conscrits du canton d'Auray de se rendre au conseil de révision.

Le 29 novembre 1851, ces jeunes gens, au nombre de cinq, étaient réunis dans la ferme de Kerpuns et dormaient dans un tas de paille, quand Le Diveat vint les réveiller.

— Levez-vous donc, les jeunes gars, j'ai quelque chose à vous faire voir.

Il les mena par un sentier à travers la forêt de Pontsal, et quand ils débouchèrent sur la grande route, juste à l'endroit où la diligence avait été attaquée six ans auparavant :

— Regardez-moi ça, leur dit-il.

Ils levèrent la tête et virent leurs trois recruteurs pendus, bien en évidence, à de grosses branches qui semblaient s'étendre pour les montrer.

— Savez-vous pourquoi je les ai mis là ?

Les jeunes gens ne répondaient pas.

— C'est qu'à eux trois, ils ne valaient pas un

coup de fusil. Allez bien vite, vous autres, à la préfecture de Vannes. Vous en aurez pour vingt-quatre heures de salle de police. Et puis, soyez de bons soldats. Le temps des réfractaires est passé.

On s'occupait fort de cette triple pendaison. Que ferait-on ? Le juge de paix du canton d'Auray, qui vint le premier sur les lieux, consulta le procureur de la République, celui-ci le procureur général, celui-ci le garde des sceaux, celui-ci le prince président, et celui-ci son conseil des ministres. Comme on se disait : c'est grave, très grave, car c'est toujours ce que disent les fonctionnaires embarrassés, survint le 2 décembre. On envoya en Bretagne un commissaire extraordinaire. Un pareil nom oblige ; l'affaire fut regardée comme touchant à la politique ; ce n'était, après tout, qu'une heureuse application de la loi de Lynch ; on en resta là.

Le rôle de justicier de Gildas Le Diveat était fini. La matière lui manqua. On ne revit plus de réfractaires.

Il se remit à son métier de tisserand. Les chemises qu'il faisait avaient, disait-on, des vertus, elles portaient bonheur, et les jeunes filles, de dix lieues à la ronde, accouraient s'inscrire pour obtenir un de ces précieux talismans. Il ne pouvait y suffire.

Assez souvent, il venait me voir ; mais je n'étais pas allé chez lui depuis longtemps. Un jour du mois de septembre 1853, il m'arriva tout joyeux.

— Je marie Maria, me dit-il ; vous viendrez, n'est-ce pas ?

— Bien sûr. A qui ?

— Devinez. A Jean Le Goaster, le jeune gendarme de Grandchamp. Que voulez-vous ? Maria n'aime que lui.

Maria était alors une belle jeune fille de dix-huit ans, fraîche et rieuse, comme l'annonçait son enfance. Son frère Jobic, qui était sous les drapeaux à l'époque des meurtres de leurs parents, était revenu près d'elle sous le toit de Le Diveat, et n'avait pas plus qu'elle le moindre soupçon sur la réalité de ces crimes, bien loin d'en avoir sur leur auteur.

Je trouvai la maison de Gildas rebâtie, à l'endroit où elle existait avant l'incendie, mais agrandie. Il y avait successivement accueilli le vieux curé qui avait été le bienfaiteur de son enfance, la mère d'un des gendarmes tués à Guénin, les veuves de deux d'entre eux et sept enfants qu'avaient laissés ces militaires. Tout ce petit monde vivait autour de lui sous le gouvernement de la vieille Magdeleine.

Ce spectacle de l'assassin, goûtant une paix complète de conscience, dans une familière communauté de biens et d'affections avec les mères, les veuves et les enfants de ses victimes, bouleversait mes idées, ou, si l'on veut, mes habitudes morales.

J'y fis allusion devant Magdeleine. Elle ne comprit pas. Le Diveat ne lui avait pas fait de confidences. Il n'y avait donc pour elle rien d'étrange dans cette situation. — Gildas a si bon cœur, disait-elle. — Et cette explication de son dévouement lui suffisait.

Pour moi, qui savais tout, il y avait là un mystérieux problème psychologique.

Dans l'après-midi des noces, comme Le Diveat et moi nous nous promenions seuls à une petite distance des danseurs, je fis tomber la conversation sur ce sujet. Il fut longtemps avant de se rendre compte de ce que je voulais lui dire, malgré la précision que j'y mettais.

— Qu'y a-t-il donc là, me répondit-il enfin, qui puisse vous étonner? J'avais le droit de les tuer, eux, je les tue; j'avais le devoir de recueillir leurs enfants, je les recueille. Quoi de plus naturel?

Je voulus lui faire entendre que ces deux faits, loin de concorder ensemble, s'excluaient l'un l'autre, que c'était le renversement de toutes les idées reçues, un exemple absolument unique, une monstruosité. Peine perdue. Il en revenait toujours à ses deux notions de droit et de devoir, correspondantes et indissolubles.

Je pus me convaincre dans cette conversation, ce que j'avais d'ailleurs entrevu d'autres fois, que, dans l'esprit de cet homme, les idées se présentaient sous une forme concrète, qu'elles s'adaptaient les unes aux autres avec la précision de ces pièces qui servent dans les écoles à composer et à décomposer les figures trigonométriques, de sorte qu'il les voyait de cette vision certaine qui nous montre les choses matérielles, que leurs relations étaient dès lors pour lui d'une vérité absolument démontrée, et que prétendre le contredire ou vouloir le rectifier, c'était à ses yeux récuser l'évidence même.

Esprits indomptables et dominateurs, esprits d'holocauste et de foi, esprits qui perdent le monde ou qui le sauvent, esprits qui ont fondé les grandes lois et les grands cultes, esprits qui ont donné à l'humanité ses grands martyrs et ses grands victimaires ! Les esprits qui voient ainsi ont seuls des volontés, les autres n'ont que des aspirations.

Dans sa vie, Gildas Le Diveat n'avait assurément pas, une seule fois, douté ou hésité, à un degré ni sous un rapport quelconque.

Il disposa de l'argent de Pontsal pour établir tous ses petits orphelins, comme il l'avait fait pour Maria Le Drogo. Jusqu'à ce que cette œuvre fût terminée, on le vit invariablement à son métier, qu'il ne quittait que pour vaquer aux soins de son église, car il était toujours bedeau.

En 1864, il plaça le dernier des enfants. Il considéra alors sa troisième mission comme achevée : la première avait été la vengeance, la seconde l'extinction des bandes.

Comme si la vieille Magdeleine n'eût attendu, pour s'en aller de ce monde, que l'accomplissement de cette tâche réparatrice, à laquelle seule elle s'était associée, elle tomba malade.

Gildas m'envoya un exprès.

— Elle va mourir, me dit-il à son chevet.

Il tremblait comme la feuille et je ne puis me rappeler, encore aujourd'hui, sans que mes yeux se mouillent, la pitié qu'il me fit.

Quand elle fut morte, il lui rendit de ses mains les devoirs pieux, voulut porter lui-même dans ses bras le cercueil au cimetière, et passa la nuit à genoux sur la terre fraîche.

Voyant sa douleur et pour l'en distraire :

— Gildas, lui dis-je, j'ai un petit voyage de trois jours à faire dans le Morbihan ; vous ne connaissez pas encore les chemins de fer, venez avec moi.

C'était au mois de novembre. Je l'emmenai. Nous visitâmes ensemble ces plages mornes que le cormoran traverse éternellement de son vol rectiligne ; ces forêts, dont les arbres portent encore l'empreinte de la serpe des druides ; ces vastes bruyères où les sorcières viennent la nuit ; ce ciel sombre chargé de nuages bleuâtres, comme un jour du Golgotha ; ces monuments accumulés depuis la profondeur des âges et qui se relient, par une frappante solidarité, à ceux de nos jours : la grotte de Gavarnys, où l'on voit les traces encore palpables des sacrifices humains ; le monolithe de Locmariaquer, dont l'érection reste un mystère pour les ingénieurs modernes ; les menhirs de Carnac, qu'on ne cesse d'interroger et qui ne répondent pas ; plus près de nous, ces baptistères et ces croix ouvragées de pierre, qui témoignent sans doute de l'enthousiasme des païens convertis au christianisme ; plus près encore, le chêne de mi-voie, le souvenir de Beaumanoir et des Trente ; dans les temps qui nous touchent, l'ossuaire de Notre-Dame d'Auray où reposent les restes de l'armée de Sombreuil, et, tout à côté, le fort Penthièvre et le sanglant Quiberon.

Le Diveat ne regardait rien, n'écoutait pas mes explications, ne prit aucun intérêt aux chemins de fer.

— Retournons, disait-il ; on n'est bien qu'à Locqueltas. La pauvre Magdeleine !

Rendu à lui-même par la dispersion de sa petite famille adoptive, il revint à ses instincts primitifs, à ses goûts, à ses souvenirs, à ses habitudes d'enfance, il fut reconquis par eux et chaque jour de plus en plus envahi et subjugué.

J'eus mainte fois occasion de remarquer son retour à la nature et d'en observer les progrès. Ils s'accentuaient dans sa personne comme dans son esprit. Vivant en plein air, même la nuit, son teint et ses cheveux, ce duvet qui couvrait tout son corps, prirent la couleur particulière aux races sauvages et qui est celle de l'homme avant la stabulation. Il se remit à vivre de chasse et de pêche.

La dernière fois que je suis allé à Locqueltas, c'était au printemps de 1879. Je trouvai sa porte

fermée; mais comme je quittais le village, je fis
la rencontre de Maria qui y entrait avec son mari.

— Vous avez vu mon père Gildas? me dit-elle.

— Il n'y est pas.

— Alors il sera sur son arbre du Goas.

— Comment?

— Oui, vous voyez là-bas ce bouquet de grands
hêtres? C'est là qu'il passe maintenant ses journées, car la chasse et la pêche sont défendues
dans cette saison, et il ne veut plus aller contre
les lois.

Je me dirigeai vers ces grands hêtres èt je le
cherchai des yeux. Ce ne fut pas sans peine que
je le découvris. Il était à moitié étendu sur une
grosse branche d'en haut. La couleur de ses habits s'harmonisait avec celle du feuillage. On pouvait douter entre une gibbosité du tronc, une
excroissance de végétation parasite, ou une forme
d'animal confuse. Il regardait le couchant lumi-
neux, et la réverbération de ses yeux allait se
mêler aux feux amortis du soleil à son déclin. On
l'eût pris d'abord, à son immobilité fatidique, à
sa pose mystérieuse, pour un sphinx agreste,
perdu dans ses rêveries. Mais à mesure que je le
contemplais, les traits indécis de cette image
prenaient une ressemblance étrange, et je voyais
Gildas Le Diveat m'apparaître sous la forme irré-
cusable d'une gigantesque fouine.

FIN.

# LA FIN

DES

## BANDITS CORSES

### (GIOCANTE DI CINARCA)

---

Le 11 juillet 1834, à une heure du matin, j'attendais sur le haut du Monte Rotondo, avec sept de mes amis, le lever du soleil. Ses premières clartés vinrent dorer le sommet où nous étions. Avant qu'il ne parût sur l'horizon, nous vîmes se profiler à l'orient la ligne blanche de l'Italie, au nord étinceler les neiges des Alpes, au sud émerger la Sardaigne, tandis qu'au couchant on n'apercevait que la surface encore brune de la mer.

La Corse, à nos pieds, semblait, par l'effet du mirage, flotter comme un vaisseau balancé sur ses ancres. Ou plutôt, elle nous apparaissait, dans ces premières lueurs indécises, comme une immense tortue qui nagerait vers la France.

Nous étions au point culminant de sa cuirasse osseuse : son col s'allongeait au nord dans la presqu'île qui s'étend de Bastia à Calvi, sa queue courte et ramassée était figurée par le cap Bonifacio, son corps se renflait sur ses deux flancs, où les dentelures de la côte représentaient celles de sa carapace.

Le soleil montait rapidement, et bientôt ses feux inondèrent la Corse entière, en donnant au panorama qui nous entourait l'éclat d'un des spectacles les plus beaux qu'il soit permis aux yeux des hommes de contempler.

Comme nous poussions quelques exclamations:

— C'est à admirer, n'est-ce pas ? dit notre guide, mais hâtez-vous de voir, cela ne dure pas longtemps.

Je regardai cet homme, que je n'avais pas remarqué la veille au soir, quand nous partîmes de Corte, à la nuit tombante. Peut-être ne nous avait-il rejoints qu'en route.

— Comment ! lui dis-je, c'est vous, Basileo Scrignone?

— Ah ! Seigneur Dieu, c'est vous aussi, monsieur ?

— Et les bandits, signor Scrignone, comment vont-ils ?

— Vous êtes venus par un beau jour sur le Rotondo. On n'a pas souvent des aurores aussi claires.

— Et vos petites affaires avec la gendarmerie, où en sont-elles depuis notre dernière rencontre au palais de justice?

— Monsieur, quand on a le bonheur d'avoir un soleil comme celui d'aujourd'hui, il vaut mieux regarder que causer.

— Vous avez raison, Scrignone, donnez à ces messieurs et à moi notre leçon de géographie.— Où est la plaine orientale ?

— Là, elle borde le rivage. Elle a 30 lieues de long, et sa largeur varie de quelques mètres à 6 ou 8 kilomètres. C'est elle qui fournit à l'île son blé, ses fourrages et ses fièvres.

— Et la *Terre des Communes*, Scrignone ?

— Tout autour de nous, au pied du Rotondo.

— C'était là de tout temps, n'est-ce pas, le sol sacré de l'indépendance ?

— Oui, monsieur.

—Et aujourd'hui le principal refuge des bandits?

— Vous verrez, monsieur, que le soleil va vous jouer un mauvais tour.

— Allons ; et les forêts de pins Lariccio dont les fûts ont jusqu'à 100 pieds avant les premières branches ?

— Là, messieurs, dit-il, en nous indiquant, du bout de son bâton ferré, trois morceaux de velours vert marron jetés comme une draperie sur des groupes de montagnes, voilà Vitzavone, Val-Daniello et Aïtone.

— Messieurs, dis-je, M. Blanqui prétend que ces arbres n'ont, en Europe, de rivaux que ceux de la Bohême.

— En voilà un là-bas, interrompit Scrignone, qui les passe tous. Voyez-vous, sur la lisière de ce makis, au haut d'une prairie? C'est dans la commune d'Orco. Il faut quatorze hommes pour l'entourer de leurs bras. Les anciens disent que sa taille vient de ce qu'il a plus d'air et plus d'eau, là où il est, que les autres.

— Très bien, Scrignone. Et les montagnes?

— Vous êtes ici, messieurs, sur la chaîne qui, comme l'épine dorsale de l'île, commence au nord avec le cap Bianco et se prolonge au sud jusqu'au promontoire de Bonifacio. Le Rotondo, qui a 2,763 mètres, est le père des monts corses; les autres l'entourent comme ses enfants. Au nord, le Monte Grosso; au levant, le Monte Caggio; au couchant, le Monte d'Oro; au sud, le Monte Renosa, où l'on dit que...

Ici Scrignone s'arrêta et se découvrit.

— Pourquoi donc, Scrignone, ôtez-vous votre chapeau?

— Parce que j'avais chaud, monsieur.

— Eh bien! vous n'êtes pas comme nous, car il gèle encore ici, ou peu s'en faut. Et vous l'avez remis aussitôt, parce que vous aviez froid?

— Apparemment.

— Me direz-vous la vérité, si j'ai deviné?

— Voyons.

— Vous avez en idée salué Giocante di Cinarca qui se tient sur le Monte Renosa.

— Si vous perdez votre temps, monsieur, vous en aurez du regret, car le soleil n'est pas, comme moi, à votre service.

— Ne nous fâchons pas, Scrignone. Quelle est la plus haute montagne après le Rotondo ?

— On se dispute là-dessus. On dit même que les gens de la Balagne avaient porté des pierres sur leur Monte Grosso pour le faire paraître plus haut que le Monte d'Oro, son rival.

— C'est ce qui s'appelle, Scrignone, aimer la gloire. — Où sont les rivières ?

— En Corse, messieurs, on ne voit pas, comme dans mon pays de la Toscane, car je ne suis qu'un pauvre Luquois, ces belles routes qui marchent à fleur de terre. Ici, des torrents qui se cachent et grondent dans les rochers qui les encaissent. Le plus grand de tous s'appelle le *Golo*, le gosier. Jugez de la chose par son nom.

— Il y a des noms plus doux, Scrignone, comme le Tavignano, le Liamone, le Tavaria, le Prunelli, la Gravone ; mais, puisque vous n'aimez pas les rivières, montrez-nous les îles.

— Au levant, voyez l'île d'Elbe ; derrière, la Pianosa ; entre elle et nous, Monte-Cristo.

— Monte-Cristo est-il habité ?

— Par des chèvres sauvages seulement.

— Avez-vous entendu parler du signor Faria, de Dantès et d'Alexandre Dumas ?

— Jamais, monsieur.

— Et de Napoléon ?

— Oh ! oui.

— Allons, il y a encore des degrés dans la gloire. Et les autres îles ?

— Au sud de Bonifacio, d'abord l'île de Cavallo, puis les îles Lavezzi, dans les Bouches, où, comme leur nom le dit, elles sont battues et lavées des vents de la mer; à côté, tirant vers la Sardaigne, l'île de la Maddalena, entourée d'îlots.

— Savez-vous pourquoi, Scrignone, la Providence, qui prend soin de tout le monde, a fait de ce chapelet d'îles, d'îlots et de récifs, comme un pont entre la Sardaigne et la Corse?

— Pourquoi?

— Évidemment pour faciliter la fuite des bandits d'un pays dans l'autre.

— Vous croyez, monsieur?

— Je le crois, mais vous le savez. Et les tours maintenant?

— Il y en a beaucoup, monsieur. Autrefois, dit-on, pour se garder, on en mettait partout.

— Comme la muscade, dit l'un.

— Ce qui fait, dit un autre, que tout le monde à son tour escamotait la Corse.

— Enfin, Scrignone, je vous tiens quitte avec deux. La tour de Toga?

— Là-bas, de l'autre côté de Bastia, sur la falaise.

— Messieurs, c'est de là qu'un patriote creva d'un coup de canardière l'œil au vaillant Nelson, qui s'approchait de la terre pour faire des sondages.

— Et la tour de Sénèque?

— Tout au bout, bien loin. Vous avez dit que la Corse était une tortue. Eh bien! la tour où fut enfermé huit ans le philosophe Sénèque est comme une petite verrue qu'elle aurait sur le nez. Mais, vous le voyez, le soleil monte et commence déjà à tout obscurcir.

— Hâtons-nous donc, Scrignone. Où sont les villes ?

— Toutes, monsieur ?

— En effet, ce serait long ; il y a tant de villes en Corse ! Je vais vous dire les noms, et vous nous montrerez les lieux du bout de votre bâton : Ajaccio, berceau des Bonaparte, à tout seigneur, tout honneur ? — Morasaglia, où est né Paoli ?

— Cervione, où Mirabeau tint garnison ? — Corte, patrie des Arrighi de Padoue ? — Zicavo, des Abbatucci ? — Sartène, des Piétri ? — Campile, des Gavini ? — Venzolasca, des Casabianca ? — La Porta, des Sebastiani ? — Borgo, des Pozzo ? — Herbalunga, des Valery ?...

— Là, là, là, messieurs, dépêchez, le soleil monte et confond tout.

— Je veux cependant voir Calvi, dit quelqu'un, où est-il ?

— C'est trop tard, il est noyé et perdu dans un flot de lumière.

— Approximativement, c'est dans cette direction.

— La ville de la fidélité. *Semper fidelis.* C'est écrit sur ses murs, incrusté dans ses pierres, gravé dans son cœur.

— Le malheur est que l'inscription remonte à l'époque des Génois

— Messieurs, jamais l'histoire n'a montré que le rebours des choses.

— A qui croire?

— Pas au soleil, du moins, quoi qu'en dise Virgile; plus il éclaire et moins on y voit.

Il avait, en effet, allumé de ses feux la mer Tyrrhénienne, qui miroitait entre l'Italie et nous, le golfe de Gênes, qui s'embrasait au nord, le golfe de Lyon, qui étincelait à l'occident; et l'atmosphère, inondée de tous ces reflets, se chargeait d'une sorte de brume lumineuse que le regard ne pouvait plus percer.

Les yeux encore pleins de ce spectacle éblouissant, nous commençâmes à descendre, en nous aidant autant des mains que des pieds. A mi-côte de la montagne, nous retrouvâmes nos mules, que nous y avions laissées la veille, sous la garde d'un autre guide.

Il y en avait huit. Elles appartenaient toutes à Basileo Scrignone.

Je le connaissais de longue date et j'aurais voulu causer avec lui; mais il ne se souciait évidemment pas de causer avec moi. Il allait de l'un à l'autre, remettant un étrier, rajustant une bride, resserrant une sangle, et toujours très affairé quand je lui adressais la parole.

Je savais que la Corse était dans un moment d'anxiété. Une recrudescence du banditisme s'accentuait depuis quelques semaines, et les symptômes en étaient d'autant plus affligeants qu'on voyait s'y développer progressivement des instincs de brigandage honteux.

J'aurais voulu en parler à Scrignone, ou plutôt j'aurais voulu que Scrignone m'en parlât. C'était l'homme qui connaissait le mieux la situation de l'île. Depuis nombre d'années, il était recéleur de bandits, et, pour pratiquer efficacement ce métier dangereux, mais lucratif, il avait à Aléria une auberge sous le nom d'un sien cousin; sa femme et ses enfants tenaient dans la forêt d'Aïtone, où il existait de vastes exploitations de bois, une pension pour les ouvriers; et lui-même exerçait à Corte la profession de guide, qui lui donnait tous les moyens de locomotion et tous les prétextes de pérégrinations désirables.

Je l'avais au moins vu quatre à cinq fois au tribunal correctionnel comme inculpé du délit de l'article 248 du Code pénal, qui punit le recèlement des criminels, et, sous cette qualification, la jurisprudence de la cour impériale de Bastia comprenait tout concours et toute assistance accordée aux condamnés contumaces.

Plusieurs fois aussi il avait comparu comme témoin aux audiences des assises dans des poursuites dirigées contre les bandits.

Parfois condamné, plus souvent acquitté, il s'en était toujours tiré au meilleur marché possible. Aucune condamnation grave n'avait été prononcée contre lui.

Il avait été question de lui appliquer les mesures légales qui autorisent l'expulsion des étrangers du territoire français ; mais, indépendamment du peu de gravité des faits constatés à sa charge, des influences, notamment celle du consul de Toscane, qui le représentait comme fort utile à ses compatriotes les Luquois, intervenaient efficacement en sa faveur.

Je croyais avoir démêlé dans les nombreux rapports de la gendarmerie concernant Scrignone, et dans les diverses procédures où il était question de lui, que ses principales relations le rattachaient à Giocante di Cinarca, ce patriarche que j'ose appeler vénérable du banditisme en Corse, et, dès lors, son action ne pouvait être, dans l'ensemble de sa conduite, que salutaire et bienfaisante. Giocante, je le savais, prenait parti, avec la passion qu'il apportait en toute chose, contre ces scélérats dont je parlerai bientôt.

J'avais quelque pressentiment que l'on allait être débordé par eux, que les forces régulières de la gendarmerie et du peu de troupes qu'on pourrait faire agir seraient impuissantes à contenir ce torrent de crimes, et qu'il faudrait à ce malheureux pays, sous peine d'y laisser son honneur et sa sécurité, quelque secours extraordinaire, que je ne me définissais pas bien, mais que j'entrevoyais : je m'étais dit souvent qu'il existait dans le banditisme deux tendances contraires, l'une honnête, l'autre exécrable, qu'on pourrait les rendre hostiles, les mettre aux prises et détruire l'une par l'autre.

Dans cette pensée, ou simplement dans cette

vague espérance, j'étais fort loin d'être hostile à l'action exercée par Giocante di Cinarca, et, par suite, à son dévoué Basileo Scrignone. Celui-ci ne connaissait pas d'ailleurs mes sentiments à son égard et devait assez naturellement, en raison de nos situations différentes, les supposer autres qu'ils n'étaient.

Quand nous arrivâmes à Corte, vers les neuf heures du matin, le déjeuner nous attendait. En nous mettant à table, j'invitai Scrignone à manger un morceau avec nous.

— Merci, messieurs ; il faut que j'aille soigner mes mules.

— Eh bien, quand vous leur aurez donné leur avoine, venez.

— Il faudra alors que je les fasse dormir.

— Comment cela?

— Oui, mieux vaut encore pour vous, messieurs, que les mules aient leur sommeil que leur nourriture.

— Asseyez-vous donc pour nous expliquer cela.

— Non ; mais quand mes mules ont bien dormi, on peut s'y fier. Nous partirons tantôt pour les eaux de Guagno, par la route de la Ristonica, qui n'est qu'un sentier large comme la main, au-dessus des précipices. Vous aurez le vertige, comme tous les autres que j'ai menés, il faudra laisser les mules à leur instinct ; j'en réponds, elles passeront partout, pourvu qu'elles n'aient pas à lutter contre le sommeil ; c'est là le seul danger. Elles ont mal dormi cette nuit, à la station du Monte Rotondo ; il faut qu'elles réparent un peu cela avant notre départ, et je vais leur faire du silence et de la tranquillité.

Comme il sortait de la salle, il fut interpellé par une voix qui accentua ces mots :

— Scrignone, il me faut vos huit mules, de suite.

— Impossible, monsieur le capitaine, les bêtes reviennent du Rotondo, et je suis gagé pour toute la semaine.

— Par qui ?

Le guide se rangea sur le seuil de la porte et nous désigna de la main au capitaine de la gendarmerie de Corte.

Ce militaire, qui était encore un jeune homme, vint à nous.

— Messieurs, dit-il, vous excuserez la prière que je dois vous adresser, mon service m'y oblige. Je viens d'apprendre, il y a quelques instants, qu'un nouveau crime, et celui-ci plus odieux que les autres, a été commis par les bandits. C'est le septième depuis avant-hier. La situation du pays est inquiétante. Je reçois du colonel l'ordre de me transporter, sans aucun retard, à Sari d'Orcino, en amenant avec moi tous les hommes dont je puis disposer. J'ai fait appeler les brigades de Serraggio et de Sermano, elles seront ici vers les trois heures ; mais je suis dans l'obligation de chercher des mulets de tous côtés, car nos chevaux ne pourraient pas traverser les montagnes, surtout la nuit. Scrignone vient de me dire que ses bêtes arrivaient du Monte Rotondo ; cette objection disparaît, puisque je ne dois partir que dans cinq à six heures, et ce temps suffit pour les reposer. Il me dit aussi qu'il est engagé envers vous. C'est cette seconde difficulté, messieurs, que je vous prie de vouloir bien lever.

— Il est vrai, capitaine, nous comptions nous mettre en route pour Guagno dans l'après-midi, afin de traverser, par la pleine lune qu'il fera cette nuit, la montagne de Solia, et nous arrêter au lac de Nino. On dit le spectacle splendide ; mais, dès que vous requérez nos mules...

— Je ne requiers pas, je prie...

— Réquisition au fond, prière en la forme. C'est nous encore qui sommes vos obligés.

Le capitaine sortait des écoles. Il avait d'abord servi en Algérie, puis était entré dans le bataillon des voltigeurs corses ; à la dissolution de cette troupe, on lui offrit, pour le conserver en Corse, un poste avec avancement dans la gendarmerie. C'était un officier aussi distingué par l'éducation que par l'instruction. Il avait étudié l'histoire de l'île, et, par curiosité autant que par métier, il s'était appliqué à bien connaître sa situation, considérée sous le rapport du banditisme.

Nous eûmes bientôt fait connaissance.

— Capitaine, nous vous faisons de grand cœur le sacrifice de l'excursion que nous avions projetée dans la partie montagneuse de la Corse centrale ; nous allons simplement prendre la diligence, qui nous mènera, par le grand chemin, de Corte à Ajaccio, puis nous la reprendrons à Ajaccio pour Bastia, par la grand'route de la côte orientale. Voyage prosaïque à la place de celui que nous avions rêvé. Vous nous devez une indemnité, dites-nous quelque bon conte de bandits, que vous devez conter si bien. Qu'est-ce qui s'est donc passé à Sari d'Orcino, qu'il vous faille y aller en force et si vite ?

— Je vous avoue que je le sais encore vaguement. Le gendarme qui m'a apporté la dépêche du colonel ne m'a pas donné de détails. Je me suis aussitôt occupé de concentrer ici deux de mes brigades et de me procurer des mulets. J'ai appris seulement qu'il s'agit du meurtre du docteur Padiolo, que le bandit Quastana traquait depuis un mois. Le gendarme pourrait nous renseigner.

On le fit venir, et, assis à la table, en prenant son café avec nous, il raconta ce qu'il savait. Le capitaine ajouta à ce récit quelques renseignements généraux. Mais ce ne fut que dans la suite, après avoir interrogé Scrignone, qui savait tout et dans les bonnes grâces duquel je parvins à me mettre ; après avoir aussi consulté beaucoup de procès-verbaux et compulsé beaucoup de procédures, après avoir vu les lieux, après avoir fait sur place une patiente enquête, que je pus arriver, avec une entière certitude, pour l'assassinat du docteur Padiolo, comme pour tous les autres événements qui vont suivre, à connaître la vérité exacte et totale.

M. Henrico Padiolo venait d'achever ses études de médecine à Paris. Quand il rentra à Sari d'Orcino, au mois de juin 1854, un de ses cousins germains, qu'on regardait comme le chef de la famille, lui dit solennellement, dans une réunion de parents convoqués à cet effet :

— Je dois t'apprendre que, depuis ton départ de l'île, nous sommes entrés en vendetta avec les Stéfanipoli. Il y a déjà mort d'hommes entre nous. Deux des nôtres ont péri ; mais trois des leurs ont succombé. Leur honneur les oblige donc à tuer encore un de nous, pour que les pertes soient égales. Il est probable qu'ils vont chercher à diriger leurs coups contre toi, non seulement parce qu'ils te croiront moins méfiant de leurs embûches, mais encore parce qu'ils verront en toi la gloire de notre maison. Garde-toi.

Ayant ainsi parlé, le cousin et toute sa suite se mirent au service du docteur. Celui-ci, devenu Français par un long séjour à Paris, était plus qu'importuné de cette solidarité, qu'il ne pouvait ni répudier ni discuter même, sans passer pour un Corse dégénéré.

Quelques jours après, le cousin revint.

— Je ne m'étais pas trompé, dit-il ; ils veulent t'assassiner ; ils ont stipendié Quastana. Voici ce que tu as à faire. Tu ne sortiras plus...

— Mais...

— Malheur à toi si tu mets le pied dehors, tu es mort ! Nous allons tout raser autour de ta maison pour empêcher les embuscades.

— Mais...

— Malheur à toi s'il reste seulement un buisson à 50 mètres ! c'est de là que partira ton coup de mort. Voici mon meilleur fusil que je t'apporte, il a déjà servi. Tu passeras tes journées là, derrière tes volets que nous allons faire plaquer de tôle, tu guetteras Quastana, qui viendra lui-même t'épier, et tu feras feu sur lui.

— Mais...

— Malheur à toi si tu le manques! c'est lui qui te donnera la mort.

Aussitôt fait que dit, les cousins, dont plusieurs n'étaient même pas issus de germains et n'en imposaient pas moins au jeune docteur le fardeau de leur vendetta transversale, se mirent à tout démolir, déraciner et niveler autour de sa demeure, et on plaqua les volets, on blinda les portes; on l'eût cuirassé lui-même si la famille eût recélé quelque vieille armure.

M. Padiolo avait eu d'abord tout simplement la pensée de s'en aller à Bastia ou à Ajaccio exercer son art et vivre tranquille, en laissant ces gens de makis s'arranger entre eux. Mais quand toutes ces précautions obsidionales furent prises, il aurait eu l'air de fuir.

Sa mise en défense fit grand bruit.

Quastana l'apprit comme tout le monde. C'était bien le plus grand scélérat que la Corse possédât en ce moment, ou au moins un des deux ou trois plus grands, car il ne faut faire de tort à personne; mais enfin, il n'avait pas encore conçu le projet d'assassiner M. Padiolo. Cet homme couvert de tant de crimes réels souffrit impatiemment que le docteur lui imputât le dessein d'un crime imaginaire, car c'est naturellement à lui qu'il s'en prit. Il alla trouver les Stéfanipoli et s'entendit avec eux pour mettre à exécution l'idée qu'on lui avait gratuitement prêtée.

Le 13 juin 1854, Quastana vint sur les lieux commencer ses mouvements.

Il chercha pendant cinq jours à surprendre le docteur d'une façon quelconque; mais celui-ci avait toujours dans sa maison quelques parents ou amis qui lui imposaient les plus extrêmes précautions.

Le 18, Quastana disparut sans avoir pu trouver l'occasion de placer une seule de ses balles. Il faut dire aussi qu'il était quelque peu gêné par la gendarmerie, car la demeure du docteur n'était pas à 150 mètres de la caserne de Sari d'Orcino.

Au bout de vingt-deux jours, le jeudi 10 juillet, M. Padiolo, n'entendant plus parler de son ennemi, se hasarda à accompagner jusqu'au seuil de sa porte M. Del Mente, le vicaire de la commune voisine de Molto, son ami d'enfance, qui était venu déjeuner avec lui.

— Mon cher Del Mente, lui disait-il en le reconduisant, tu t'inquiètes peut-être à tort; ou Quastana a quitté le pays, ou il a renoncé à ses projets.

— N'en crois rien, Henrico, tu ne connais pas la nouvelle race de nos bandits. Tiens, moi, j'en ai un qui cause ma ruine et qui causera peut-être ma damnation, c'est le nommé Scopamane, qui me rançonne odieusement. Comment cela finira-t-il ? J'ai pensé à aller demander conseil à Giocante di Cinarca. Il est rentré dans le Monte Renosa, un de ses petits-fils me mènerait à lui et il ne demanderait pas mieux que de me débarrasser de mon spoliateur. Il est un peu mon oncle, et puis tu sais comme il est bienfaisant et quelle colère il a contre les bandits qui déshonorent le banditisme. Si tu veux, en même temps, je lui parlerai pour toi. Quastana trouvera alors qui lui répondra.

— Merci, mon bon Del Monte, mais je crois, en vérité, que j'ai eu une fausse alerte, que les cousins se sont monté la tête et m'ont embarqué, par un zèle inconsidéré, dans une sotte affaire d'où je ne sortirai pas sans quelque ridicule.

— Adieu donc, Henrico.

Comme le docteur faisait un pas hors du seuil de sa porte pour prolonger le dernier serrement de main, un coup de fusil part, il reçoit une balle dans le front et tombe, sans pousser un soupir seulement, entre les bras du prêtre.

Une charrette chargée de planches et de barriques passait en ce moment sur le chemin public, qui est à 43 mètres de la demeure de M. Padiolo. Une légère fumée blanchâtre, qui ne tarda pas à se dissiper, indiqua d'où provenait le coup. D'ailleurs, Quastana sauta hors de la charrette et se planta sur la route, regardant de tous côtés d'un air de défi ; il rechargeait lentement son arme, puis il la remit sous son bras comme un chasseur au repos, et s'en alla sans s'assurer même de l'effet de son tir, tant il en était sûr.

Depuis le 18 juin, jour où il avait paru se désister de son entreprise, jusqu'au 10 juillet, jour où il venait de l'achever, il ne cessait de passer et de repasser sur la route, vis-à-vis de la maison du docteur, tantôt caché dans une voiture, tantôt déguisé à cheval, à toute heure, se disant, dans sa patience de Peau-Rouge, qu'un moment viendrait où sa victime, rassurée et oublieuse du péril, lui laisserait voir assez de son corps pour qu'il y logeât son plomb homicide. L'infortuné Padiolo lui en avait trop montré ; il n'en fallait pas tant à son adresse meurtrière.

C'est à la nouvelle de ce crime que le colonel de la gendarmerie avait donné l'ordre au capitaine de Corte de se porter à Sari d'Orcino, avec les hommes des brigades qu'il pourrait avoir de suite sous la main.

L'assassinat du docteur Padiolo, il faut bien le dire, commis par tout autre bandit, n'eût pas à ce point émotionné la force publique. Mais Quastana avait déjà été douze fois condamné à mort par contumace, et l'impunité dont il jouissait était un permanent et insolent défi aux autorités de l'île.

De plus, ce nouveau crime survenait au moment où les plus déplorables symptômes révélaient de tous côtés le mal horrible qui se développait en Corse.

Le banditisme, à la vérité, y avait toujours existé à l'état endémique. Sa cause profonde et, en quelque façon, physiologique, remontait sans doute jusqu'au tempérament même de la race autochtone, qui provenait de l'Afrique. Quand on parcourt les montagnes de la Corse, on croit être dans la Kabylie : mêmes hommes, mêmes cultures, mêmes sites, même ciel ; et quand on entend la voix du montagnard corse exciter son cheval ou son mulet, c'est la voix du Kabyle qu'on a entendue.

Si l'on descend dans la plaine orientale, on est dans la Mitidja. Que les habitants originaires soient venus du nord de l'Afrique, ou que la similitude du sol ait fait là-bas et ici les hommes semblables, toujours est-il que le Corse est, et surtout était, un Africain. Les Carthaginois ont pendant des siècles occupé l'île. Le bandit est un ennemi qui a fait le serment d'Annibal.

Ce fond de nature, ce goût de vengeance, cette implacabilité d'orgueil, furent développés par les circonstances : les unes extérieures, telles que les nombreuses tyrannies étrangères qui opprimèrent tour à tour ce petit peuple, la justice odieusement arbitraire des Génois, et jusqu'aux excursions des Barbaresques, qui ne cessèrent de le spolier jusqu'au XVIe siècle ; les autres intérieures, comme leur accumulation sur un petit espace, condition de vie qui rend les marins insupportables les uns aux autres au bout d'une longue campagne; les facilités aussi de se cacher dans l'épaisseur de leur makis, sur leurs montagnes inaccessibles, ou de fuir par la mer les premières recherches de la justice, pour rentrer ensuite clandestinement.

La justice même, non pas seulement sous la domination étrangère, mais administrée par les Corses, comme, elle l'est depuis leur annexion à la France, a été une des causes qui fomentèrent le banditisme. Le juré corse est convaincu que la justice lui appartient, qu'il peut en disposer comme de sa propriété, en gratifier ou en frustrer les accusés à son gré; et cependant, en secouant le joug salutaire de la justice légale, il ne croit pas manquer aux prescriptions plus hautes de la conscience. On lui demande si un tel est *coupable*. Tout pour lui est dans la moralité de ce mot; la matérialité du fait n'est rien. Il pense que, dans des cas donnés, on a non seulement le droit, mais le devoir de tuer.

Les bandits n'ont jamais dit autre chose. La vendetta pour eux est une loi d'honneur, une vertu civique et une sorte de sainteté religieuse. Ce préjugé étant général dans l'île, quelle différence entre l'accusé et le juge, l'innocent et le coupable? Il y avait toujours là un grand *alea*, et il était plus sûr de prendre le makis que d'affronter un jugement si incertain.

Or, tous les bandits étaient et sont encore des

condamnés par contumace. Mais la qualité n'est plus la même.

Cette antique institution corse, qui avait prospéré pendant tant de siècles, s'était soutenue par son honnêteté et a péri en se dépravant.

Autrefois le bandit, comme ce nom l'exprime, était l'individu poursuivi, le fugitif, le banni, et aucun préjugé honteux ne s'attachait à lui. On l'avait sommé de se présenter en justice; cette sommation s'appelait en latin *bannum* et en vieux langage français un *ban;* quand le ban avait été prononcé, *dictum*, celui qui en avait été l'objet était un ban-dict ou décrété en justice, voilà tout.

On avait vu souvent les bandits corses prendre leur revanche, et lorsqu'ils avaient décidé qu'un jugement était mal rendu, ils interdisaient au plaideur qui voulait s'en prévaloir de le mettre à exécution. Ils composaient ainsi un troisième degré de juridiction dans l'île. Leur compétence irrégulière a pu parfois servir à corriger les erreurs involontaires de l'autre.

Mais ces hauts justiciers s'étaient depuis longtemps relâchés de leurs devoirs d'impartialité et d'honneur. A la suite de chacune de nos révolutions, le contre-coup qui s'en faisait sentir en Corse mettait en fermentation tous les levains putrides du mauvais banditisme. 1815, 1830, 1848 furent des dates funestes qui marquèrent de tristes étapes dans sa décadence morale.

Au mois de juillet 1854, le mot bandit en

Corse, avait la même signification qu'à Naples et voulait dire brigand.

Inquiète, l'île était à la veille d'une crise violente. Un orage était dans l'air et la menace du ciel attendait une étincelle pour s'allumer.

L'étincelle sera-t-elle l'assassinat du docteur Padiolo?

A partir de ce jour, 10 juillet, jusqu'au 11 août suivant, il y eut vingt-sept attentats commis, aussi hideux dans leur perpétration féroce que honteux dans leurs mobiles cupides.

Le capitaine de la gendarmerie de Corte avait bien le pressentiment de ce qui allait arriver, quand il apprit, comme nous, par le récit du gendarme, les détails du dernier assassinat commis par Quastana.

— Mon anxiété, nous dit-il, est d'autant plus grande que la situation va peut-être se compliquer de l'intervention de Giocante di Cinarca. Qu'arrivera-t-il alors? Un massacre général, sans contredit, soit de la gendarmerie, soit des bandits. Mais quelle sera cette alternative inévitable? Je l'ignore. Tout dépendra de Cinarca. S'il se met contre nous avec la masse du banditisme, nous sommes écrasés. S'il se joint à nous contre les brigands, ils sont détruits et pour toujours.

— Tenez, lui dis-je, capitaine, en lui montrant Scrignone qui apparaissait à la porte de la salle à manger, en voilà un qui, s'il veut, dissipera vos doutes.

— Vous le connaissez donc? Comment savez-
?...

Je dis mon nom au capitaine.

— Et à présent, ajoutai-je, vous pouvez parler sans réticence. Ces messieurs sont des Français qui sont venus me voir en Corse et avec lesquels j'allais finir notre voyage par Guagno et
Orezza, si vous n'aviez pas requis nos mules.

— Ne dites pas ce mot-là, et maintenant moins
que jamais. Mais il reste encore une mule dispo-
nible à Scrignone; demandez-la lui donc pour
entrer en conversation au sujet de Cinarca.

— Je ne comprends pas.

— Vous allez comprendre. Signor Basileo,
monsieur vous prie de lui prêter la Muca, en
payant bien.

— Jésus Dieu! seigneur capitaine, vous savez
que nul ne la monte, pas même moi, et que,
lorsque nous voyageons nous deux, je la porte-
rais plutôt, si je pouvais, que de me faire porter
par elle.

— On dit cependant qu'elle sert quelquefois...

— Jamais!

— Au seigneur du Monte Renosa.

Basileo Scrignone trouva certainement cette
observation grave, car elle le fit sortir de son
naturel, et, au lieu d'éluder comme d'habitude,
il répondit nettement:

— Oui.

— Asseyez-vous là, Basileo, dit le capitaine.
Vous avez reconnu ce monsieur, n'est-ce pas?

— Oui, répondit encore le Luquois en me regardant en face.

— Eh bien, Basileo, ce monsieur et moi nous
voulons savoir une chose que vous seul pouvez
nous apprendre.

— Quelle .

— Nous sommes certains que si vous nous ré-
pondez, ce sera pour nous dire la vérité; en nous
la disant, vous nous rendrez un véritable service,
et ce service vous fera notre ami.

— Voyons.

— Que pense Giocante de l'état de l'île?

— Il est déchaîné comme un lion furieux.

— Contre qui?

— Contre les mauvais bandits.

— Que fera-t-il?

— Je ne sais.

— Connaît-il déjà l'assassinat du docteur. Padiolo?

— Il doit le connaître, car il n'ignorait pas les
embûches que Quastana lui dressait depuis vingt-
deux jours.

Quastana et Giocante di Cinarca, deux noms
qui avaient souvent déjà frappé l'attention de
mes compagnons.

— Ne pourrions-nous pas savoir, seigneur
Scrignone, dit l'un d'eux, ce que sont au juste
les deux personnages dont on parle tant?

— Demandez-le, monsieur, au seigneur capitaine, qui est plus savant que moi.

— Je proteste, Scrignone : ce que je sais de la

Corse, nul ne l'ignore; mais ce que vous en savez, nul ne le connaît. Mon métier me place sur le théâtre, le vôtre vous met dans les coulisses. Si vous ne satisfaites pas la curiosité de ces messieurs, ce sera mauvaise volonté.

Mais rien ne put décider Scrignone à prendre la parole, et le capitaine dut s'exécuter.

Voici, en substance, ce qu'il nous raconta :

Quastana et Giocante di Cinarca figuraient en ce moment, dans l'imagination de leurs compatriotes, le génie du bien et du mal, un contraste religieux et mythologique, comme qui dirait dans l'Inde les Amschaspans et les Darwans.

Le bon principe, Giocante di Cinarca, était né le 14 mai 1772. L'origine de sa famille se perdait dans la nuit des temps. Il descendait par les femmes des Casabianca, de l'ancienne Piève de Vescovato, dans cette partie de la côte orientale qu'on appelle la Casinca ; par les mâles, des anciens seigneurs de Cinarca, longtemps les plus puissants de l'île, qui occupaient tout le pays situé entre l'embouchure du Fiu-Morbo et celle du Stabiaccio, sur la même côte orientale.

Les Cinarca avaient joué un rôle glorieux dans les guerres de l'indépendance.

Giocante, dont il est ici question, avait été attaché à la personne de Paoli, dans les dernières prises d'armes de ce héros et avait connu sous sa tente les jeunes Bonaparte, dont les uns avaient quelques années de plus, et les autres quelques années de moins que lui.

Il s'attacha surtout d'une filiale affection à l'avocat Cristofo Saliceti, qui fut membre de la Constituante et de la Convention, il le suivit dans le royaume de Naples quand celui-ci y devint, au temps de Joseph et de Murat, ministre de la guerre.

— Saliceti, disait Napoléon, vaut à lui seul, dans un moment de trouble, toute une armée.

Sa faveur lui fit des jaloux ; l'énergie de son administration, des ennemis. Il fut empoisonné à Naples en 1807.

Giocante di Cinarca, qui était alors colonel dans l'armée d'Italie, tira de ce crime une si complète vengeance, qu'il dut s'enfuir en Corse. Il vécut dans la demeure patrimoniale de Cinarca, de 1807 à 1815.

A la Restauration, il eut des démêlés avec les Pozzo di Borgo, dont le chef, le fameux comte André, était alors ambassadeur de Russie à Paris. En même temps, il eut à soutenir une terrible vendetta contre les Corbini, famille voisine et rivale de la sienne. Ils se mirent de part et d'autre en campagne, accompagnés de leurs parents. Ils se livrèrent un véritable combat, le 11 décembre 1816, sur les rives du Fiu-Morbo, entre le Migliacciaro et Prunelli, à l'endroit même de la route où se voit le tertre surmonté d'une croix de pierre, qui fut élevé en commémoration de cette furieuse rencontre. Les Corbini furent écrasés, et vingt-sept des leurs reposent dans ce monument, que les cérémonies de l'Eglise ont consacré comme une terre sainte.

Giocante dut prendre le makis. Il avait alors quarante-quatre ans ; il était marié et déjà père de huit enfants ; il en eut encore un grand nombre d'autres, qu'il établit et maria, car il ne cessa jamais de diriger sa maison.

En juillet 1854, il y avait trente-huit ans qu'il était bandit et il allait accomplir sa quatre-vingt-deuxième année. Il ne s'était jamais éloigné de la région du Fiu-Morbo et se tenait d'habitude sur le Monte Renosa, sauf quelques tours en Sardaigne quand il était traqué de trop près, et sauf aussi ses rapides expéditions dans toute la Corse, pour remplir la mission de redresseur de torts qu'il s'était donnée.

Il veillait sur l'honneur du banditisme, dont il s'était fait le chevalier errant, et voulait le maintenir dans les vieilles traditions. C'était là une de ses généreuses folies. Il en avait une autre et prétendait ramener son pays aux antiques libertés. Il n'acceptait pas de maître dans l'île. La haine qu'il avait eue contre les Pozzo di Borgo, dont la domination s'exerça jusqu'en 1830, se reporta après contre les Sébastiani, qui héritèrent de l'influence locale sous le gouvernement de Juillet, et puis contre les Abbatucci, qui la possédèrent durant les premières années de l'Empire.

C'est à cette dernière époque que nous sommes, et l'autorité, qui voyait en Giocante di Cinarca un homme au tempérament héroïque, au cœur généreux, au nom aimé et populaire, n'eût pas

demandé mieux que de pactiser avec son donquichottisme; mais, en vérité, il prenait parfois
trop au tragique son rôle de justicier. Ainsi, au
mois de novembre 1848, trois scélérats de *la* pire
espèce, qu'on appelait les Strotangi, soit qu'ils
eussent tous le même nom ou que l'un eût donné
son nom aux autres, se mirent à parcourir l'île,
pillant les fermes, rançonnant les passants, et,
pour assurer l'impunité de leur brigandage, se
faisaient passer pour Giocante di Cinarca lui-
même et deux de ses fils.

Giocante descendit du Monte Renosa et prit,
en passant à Cinarca, deux de ses fils précisément, se mit à la recherche des contempteurs de
son nom, et, quelques jours après, les voyageurs
épouvantés voyaient leurs trois têtes fixées sur
des piquets, l'une à la Foce, point culminant de
la grand'route de Bastia à Ajaccio, l'autre à
Aléria, où se rejoignent les routes de Bastia et
de Corte, la troisième sur le chemin de Calvi à
Saint-Florent, c'est-à-dire aux trois endroits les
plus fréquentés de la Corse.

La justice qui, au fond, n'aurait pas été mé-
contente de cette leçon donnée aux bandits, ne
put cependant se dissimuler qu'une façon aussi
leste de lyncher les gens était une atteinte à sa
propre dignité et un acte de concurrence illégale.
Elle décerna donc une fois de plus des mandats
d'arrêt contre le doyen des makis. Celui-ci, par
malheur, s'était mis sur ses gardes. Les gendarmes qui, croyant le surprendre, escaladèrent

la nuit le Monte Renosa, où d'ailleurs il n'était pas en ce moment, vinrent se heurter à des cordes tendues à hauteur d'homme dans les sentiers; la pression opérée sur les cordes fit partir des coups de pistolet, et deux de ces braves militaires furent sérieusement blessés.

Tel est, conclut le capitaine, ce Giocante di Cinarca, qui est aujourd'hui l'homme le plus populaire de la Corse, le plus aimé, le plus vénéré, le plus redouté et, si je ne m'abuse, il tient dans ses mains les destinées de son pays. Il ne restera assurément pas impassible en présence de ce qui se produit. Quel parti va-t-il prendre?

Je ne peux pas savoir ce qu'il aura résolu de faire en apprenant la mort du pauvre docteur Padiolo; mais, si tel est votre bon plaisir, je vous dirai maintenant ce que je sais de Quastana, et vous jugerez par là qu'il ne doit pas lui être sympathique.

Ici, le capitaine fut interrompu par une clameur, d'abord lointaine, puis plus distincte, qui s'élevait sur la place de Corte. Nous écartâmes les rideaux des fenêtres et nous vîmes tout contre nous, car nous étions au rez-de-chaussée, une foule serrée et agitée qui entourait un homme à cheval.

Cet homme était couvert d'un long pellone. Il était raide, ou plutôt rigide, un peu renversé en arrière, d'une pâleur affreuse, les regards fixes, autant qu'on pouvait le voir sous les bords de son chapeau rabattus.

Deux ou trois gendarmes, le maire de la ville, quelques autres personnes encore entrèrent dans la salle à manger où nous étions. Parmi ces dernières, il y avait des ouvriers luquois qui nous racontèrent rapidement ce qui s'était passé.

Dans la matinée, cet homme à cheval était parti des environs du lac de Diane, dans la plaine orientale, conduit par un petit garçon de huit à dix ans, qui tenait sa monture par la bride. Il appartenait à ces tribus de bergers des montagnes du Niolo, qui parcourent la Corse en conduisant leurs innombrables troupeaux, selon les diverses saisons, dans les lieux les plus abondants en pâturages.

Quand l'homme à cheval quitta le lac de Diane, les autres bergers l'accompagnèrent jusqu'à Aléria et, au moment de le quitter, se mirent à genoux sur le chemin, en ôtant leurs chapeaux.

Le voyageur, conduit par son jeune guide, prit la route qui mène de la plaine orientale à Corte. Arrivé près du village de Zuari, vers sept heures du matin, l'enfant vit cinq bandits qui attendaient. Il se glissa dans le makis. Le cheval continua d'avancer. Les brigands, qui supposaient que le berger allait rapporter au Niolo le produit des ventes de fromages et d'agneaux, le laissèrent approcher et lui tirèrent d'abord trois coups de feu. Le cavalier ne bougea pas. Deux autres coups retentirent; il ne bougea pas. Les bandits, certains de l'avoir frappé de leurs balles, s'élancèrent à la tête du cheval. [Mais aussitô :

— *E un morto ! un morto !* s'écrièrent-ils, en prenant la fuite avec épouvante.

Le malheur voulut que la course de deux d'entre eux se dirigeât vers l'endroit où le petit guide était entré dans le makis. Ils se trouvèrent en face de lui. Un nouveau coup de fusil se fit entendre. Les misérables avaient sacrifié ce témoin à leur sécurité.

Mais des travailleurs luquois, ceux-là mêmes qui nous faisaient ce récit, les avaient aperçus de loin, montés qu'ils étaient sur des chênes-liège dont ils enlevaient l'écorce.

Ils arrêtèrent le cheval, qui continuait toujours de marcher, aussi insensible au danger que celui qu'il portait. C'était en effet un mort.

Les bergers du Niolo rapportent toujours dans leurs montagnes ceux d'entre eux qui viennent à mourir pendant leurs pérégrinations pastorales. Mais les routes que parcourent leurs troupeaux transhumants ne sont pas accessibles aux voitures.

D'ailleurs, les moyens de construire des cercueils leur manquent souvent. Ils fixent donc le cadavre sur un cheval, en lui donnant, avant sa rigidité complète, la position qui convient. Les jambes sont reliées par des courroies sous le ventre de l'animal ; une double fourche à court manche retient le corps par devant et par derrière ; un ample manteau recouvre le tout.

Tel était le mort sur lequel les bandits avaient déchargé leurs armes,

Les Luquois firent tourner bride au cheval et se rendirent à l'endroit où ils avaient entendu le dernier coup de feu.

Le pauvre petit guide gisait là, la tête brisée.

Détail touchant : quand il avait vu venir les bandits, soit pour les attendrir, soit par piété, il avait pris une médaille de la Vierge qu'il portait à son cou et la tenait dans sa main crispée.

Les Luquois prirent cette innocente victime et la placèrent sur la croupe du cheval.

— Mais elle est donc là ? dîmes-nous.

Le manteau fut relevé. Le jeune cadavre pendait, couché sur le ventre, les pieds d'un côté, les bras de l'autre.

Aucun de nous ne fit de réflexion. Le capitaine s'entendit avec le maire. Ils firent emmener le cheval. Les deux corps furent déposés sous le porche de l'église.

La justice fit les constatations prescrites et donna l'autorisation d'inhumer.

Quand le capitaine vint nous rejoindre, il était près d'une heure.

— Les brigades que vous attendez, lui demandâmes-nous, ne sont pas encore arrivées?

— Non, je ne puis pas, comme je vous l'ai dit, les attendre avant trois heures cette après-midi.

— Dieu en soit loué! Les choses du banditisme prennent une tournure qui donnera un surcroît d'intérêt à ce que vous voudrez bien encore nous en dire. Vous avez deux heures devant vous.

— Je vous ai appris, en vérité, à peu près tout ce que je sais sur Giocante di Cinarca, le patriarche du banditisme. Je ne pourrais plus désormais vous en raconter rien d'intéressant.

— Mais Quastana, qui est comme l'incarnation du mal, en opposition avec le seigneur Giocante di Cinarca, qui symbolise le bien?

— Ne riez pas; au point de vue du banditisme cela est vrai.

— Soit, mais faites-nous donc aussi l'histoire du mauvais génie.

Le capitaine nous raconta ce qu'il savait de Quastana, et j'y ajoute quelques traits puisés aux sources que j'ai indiquées plus haut.

Pendant sa jeunesse, Quastana avait été berger dans les montagnes du Coccione, qui traversent l'arrondissement de Sartène, du nord au sud. Elles sont habitées par une race pastorale qui n'a que les rapports les plus éloignés avec les Tityre et les Mélibée. D'ailleurs, Tityre veut dire en grec tuyau de paille, et Mélibée, petit papillon. Sur le Coccione, pendant trois mois couvert de neige, les papillons ne montent pas, et les épis y sont remplacés par une herbe tendre, soyeuse et longue, que recherchent les ruminants.

Ces animaux y trouvent leurs délices, tandis que les sauvages habitants s'y livrent à de terribles vendettas. Aussi Paoli disait-il que le Coccione est un enfer pour les hommes et un paradis pour les bêtes. C'est la partie de la Corse hantée par les mouflons, qu'attirent ces bons pâturages et qui trouvent un asile sur ces pics, les plus inaccessibles de l'île.

Le muflone ou mufoli est-il bien, comme on le croit, la souche de nos moutons communs? Sans méconnaître la possibilité du fait, je remarque que le mouflon est beaucoup plus grand, bien que généralement les animaux sauvages soient plus petits que leurs congénères apprivoisés ; qu'il n'a nullement la même pelure et qu'au lieu d'une longue toison, il est revêtu d'un premier poil fin et touffu, puis d'un second rude et court ; que sa couleur est invariablement chocolat; que ses cornes, triangulaires à la base, se terminent en lame, au lieu d'être arrondies; qu'il n'est pas susceptible de domestication ; qu'on ne voit pas de communications cherchées entre lui et nos moutons, comme on en remarque dans les makis entre les porcs et les sangliers; que sa chair enfin, d'un goût à part, est bien autrement succulente et savoureuse. Mais, d'après l'opinion commune, ces différences ne sont que des modalités superficielles que l'état sauvage fait naître et qu'une captivité prolongée effacerait.

Quastanà avait été longtemps chasseur de mouflons.

Un rude métier.

Ces animaux se tuent et se prennent.

Pour les tuer, il faut les poursuivre sur les pitons les plus élevés, où ils se tiennent, tant que la neige leur permet, en la fouillant, de trouver

leur nourriture. Presque toujours ils échappent
à la poursuite en bondissant d'un pic à l'autre.
Leurs sauts sont prodigieux. Ces montagnes étant
entourées de rochers taillés en aiguilles, qui hérissent leurs flancs comme un amas de cloche-
tons gothiques, le mouflon traqué s'élance du
sommet et vient en tombant, réunir ses quatre
pieds sur une de ces pointes aiguës; de là il
s'élance sur une pointe inférieure, puis sur une
troisième, toujours en descendant; et l'œil a
peine à le suivre dans cette fuite vertigineuse,
qui, en quelques secondes, le fait disparaître au
fond de la vallée.

Parfois même, on le voit avec étonnement se
précipiter la tête en bas, tomber sur ses cornes,
rebondir encore et, par une série de culbutes,
accélérer sa descente; ses pieds de derrière, qui
battent alors l'air en désordre, font croire au
chasseur que son plomb l'a atteint; mais c'est
une joie de courte durée qui s'évanouit avec le
noble gibier.

Pour les prendre, il n'y a qu'un moment dans
l'année, du 15 au 20 mai. Alors les petits mouflons ont déjà assez de force pour sortir de leurs
nids inaccessibles et pas assez pour éviter la poursuite des hommes. On peut donc les atteindre
quand ils s'essayent à leurs premières prome-
nades. Lorsque vous êtes parvenu à en saisir un,
vous le gardez dans vos bras, vous lui mettez la
tête dans votre chemise et lui soufflez votre
haleine dans le muffle; au bout d'un quart

d'heure, vous pouvez le reposer à terre; il vous suit comme un chien. Cette fascination de l'homme dure quelques heures à peine et ne se recommence pas.

La première illustration de Quastana fut celle du tueur de vieux et de preneur de jeunes mufoli. On le voyait porter les parents morts sur ses épaules à Sartène et à Ajaccio, ou y conduire leurs enfants effarés qui lui faisaient cortège par les rues.

Ses succès cynégétiques causèrent ses malheurs ou simplement fixèrent ses destinées, car il est douteux que, son tempérament donné, ce terrible et horrible bandit fût à plaindre. Il devint jaloux de la chasse du Coccione et prétendit en avoir le monopole. Il se prit à ce sujet de querelle avec d'autres Nemrods venus de Porto-Veccio. L'un d'eux lui cassa la cuisse d'un coup de fusil à bout portant, le 11 mars 1843, comme il est marqué dans la première procédure qui le concerne. Il avait alors dix-sept ans. Il fit feu aussi, lui, et tua deux de ses confrères en saint Hubert. Les autres allèrent porter plainte et racontèrent l'histoire à leur façon. Quastana, s'étant fait bandit, ne se présenta pas pour les démentir; et la justice, qui n'entend qu'une cloche, n'entend qu'un son. Il fut condamné à mort par contumace.

Depuis ce temps-là, il a vécu sous bois et onze autres condamnations capitales sont venues grossir son dossier.

C'est un fauve, c'est une brute, d'une force, d'une audace, d'un courage, d'une cruauté et d'une adresse incroyables.

Il est plus grand que le gorille; il approche de 5 pieds 8 pouces. Il est plus gros aussi; ses fémurs et ses humérus sont énormes. Si on les trouve un jour, on croira à des ossements fossiles. Il est couvert de poil comme ces singes troglodytes; poil noirâtre sur le corps, et, sur le visage et la tête, roussi et brûlé du soleil. La fracture mal remise de sa cuisse droite lui fait une jambe affreusement arquée, qui, quand il court, lui donne des allures hétéroclites et farouches. Son moral concorde avec son physique. Il est devenu un assassin stipendié, et à quels prix! Il est avéré qu'il a tué un homme pour deux foies de mouton. Sa gloutonnerie est effrayante. Qu'a pu coûter aux Stefanipoli la mort de docteur Padiolo? Mais ce qui confond en lui, c'est son adresse. Il prend dans sa main gauche quinze ou vingt pièces de cinq francs; il en jette une à trente mètres sur un terrain argileux, puis toutes les autres à la file, les alignant sur le sol comme elles étaient avant d'être lancées.

On le dit le meilleur tireur de la Corse. Il est infatigable à la course. Il n'est pas moins bon nageur. Il s'est jeté plusieurs fois à la mer sur les rivages de Bonifacio; il gagne pour première étape l'île de Cavallo, pour seconde les îles Lavezzi, pour troisième les îlots de la Maddalena, et pour dernière le continent de la Sardaigne.

Afin de le compléter, n'oublions pas son chien ou plutôt sa chienne, bête redoutable et sanguinaire comme son maître, qu'on a surnommée la Quastanetta, comme pour exprimer entre eux sans doute un lien de famille. L'identification de leurs instincts brutaux, de leurs aptitudes bestiales et de leurs sauvages énergies fait des deux un seul être dont l'unité de force se décuple par leur intime union.

Quand le capitaine nous eut ainsi esquissé Quastana, il se leva.

— Messieurs, voilà l'heure qui s'avance. Les brigades de Sermano et de Serragio, que j'attends, ne tarderont pas désormais d'arriver. J'ai quelques préparatifs à faire à la caserne avant de me mettre en route.

— Ne vous serait-il pas possible, capitaine, de nous donner votre itinéraire au moins probable? Nous parcourons la Corse en touristes: nos moments sont libres. Nous serions heureux de vous rencontrer encore. L'intérêt que nous prenons à ce mouvement prononcé du banditisme se doublerait du plaisir de vous revoir.

— Je le souhaiterais de grand cœur aussi; mais notre appel à Sari d'Orcino n'est qu'une manifestation; le colonel sait bien que nous ne prendrons pas Quastana. Où m'enverra-t-il? Les circonstances en décideront. Tout ce que je puis vous dire, c'est que mon service à Corte me rappellera nécessairement ici, dès que ma présence ailleurs ne sera plus jugée indispensable.

— Adieu donc, capitaine.

Il venait à peine de sortir de l'auberge et passait devant les fenêtres où nous étions venus lui adresser un dernier salut, lorsqu'un gendarme à cheval, arrivant par la route de Guagno, se précipita vers lui, et lui dit avec émotion :

— La Virgo a été enlevée cette nuit par la bande de Menfredo Scarbuccia. Nous avons cherché ses traces toute la matinée inutilement. Voici le procès-verbal du brigadier.

Le capitaine y jeta les yeux.

— C'est une journée de malédiction, nous dit-il, en marchant vers la caserne.

L'épisode de la Virgo est la plus lamentable scène du banditisme corse. C'est le sang de cette pauvre enfant qui a racheté sa patrie en soulevant dans tous les cœurs la violente révolte de la pitié qui permit à Giocante di Cinarea d'accomplir son œuvre d'extermination.

Celle qu'on appelait la Virgo était une fille de quatorze ans, qui habitait dans la commune de Petricciola, au pied du Monte d'Oro. Son père était un berger qui jouissait d'une certaine aisance. La maison où il demeurait, ses troupeaux, la prairie attenante, étaient à lui. Il n'était âgé que de trente-cinq ans, lors de l'événement, et sa femme n'en avait guère plus de trente. Ils avaient cinq enfants. Celle-ci était l'aînée.

Grande, pure, ample, marmoréenne, on l'eût prise pour un jeune Dieu. Et assurément il y avait de la divinité en elle, dans le sens que l'entendaient les Anciens, quand ils empruntaient à l'un et l'autre sexe, pour les confondre dans une androgyne idéale, les traits de la parfaite beauté.

Je l'avais vue aux bains de Guagno, tout voisins de sa demeure, au mois de juin précédent. C'était le jour de la fête de ce village, où les étrangers affluent en été. Elle était montée avec d'autres jeunes filles sur une charrette tout enguirlandée de feuillages, et que des jeunes gens traînaient au son de rustiques instruments. Chacune d'elles portait, comme un emblème, des produits du pays, un chevreau, une branche d'oranger ou d'olivier, des fruits, des rayons de miel, des gerbes.

La Virgo avait sur la tête une cruche entourée de fleurs qui devait sans doute contenir du lait. On n'avait d'yeux que pour elle, quoique la plupart de ses compagnes appartinssent aussi à ce beau type de femmes qui domine dans cette région occidentale de la Corse et qui provient du sang grec, que d'irrécusables émigrations ont mêlé à celui de la race aborigène.

Dans l'attitude qu'elle avait, on eût dit qu'elle posait pour nos deux grands poètes. Lamartine l'aurait vue sous un aspect fabuleux dans cette fête païenne :

> Jamais, le thyrse en main, de pampre couronné,
> Le jeune dieu de l'Inde, en triomphe traîné,
> N'apparut plus brillant aux regards d'Érygone.

Et Victor Hugo eût trouvé dans sa pose une image fraîche et harmonieuse comme elle :

> A voir sur son beau front s'arrondir ses bras blancs,
> On croirait voir de loin, dans nos temples croulants,
> Une amphore aux anses d'albâtre.

Son admirable beauté avait vivement frappé les imaginations, et, de son vivant même, la légende commençait à se faire. Je me rappelle fort bien que le soir de cette assemblée de Guagno, il vint dans la grande salle à manger des Bains un improvisateur qui chantait en italien. Il disait à peu près, en parlant d'elle :

« Quand, le soir, elle va chercher ses chèvres sur la pente du *Monte d'Oro*, le soleil, avant de se plonger dans les eaux vermeilles du golfe de Sagone, s'arrête au bord de l'horizon pour la voir un moment de plus.

« Et quand, ses chèvres ramenées, elle descend au *Liamone* puiser l'eau pour le repas de famille, on entend sortir du sein du fleuve et des bosquets de lauriers roses qui le bordent, des voix caressantes qui murmurent : La Virgo ! la Virgo ! »

« Et quand elle va, le dimanche, entendre la messe à Guagno, elle fait l'honneur de son pays aux yeux des étrangers ; et parmi tant de malades, ceux qui en la voyant ne sentent pas une douce flamme réchauffer encore leur cœur, ceux-là sont déjà morts. »

Le 10 juillet 1854, à la nuit tombante, au mo-

ment même où mes amis et moi nous commen-
cions l'ascension du Monte Rotondo, elle fut enlevée au pied du Monte d'Oro, à cent mètres de
sa maison. Son père, qui accourait à ses cris, fut
tiré de trois coups de fusil et une balle lui cassa
la jambe. Il reconnut plusieurs des ravisseurs.
D'ailleurs, la disparition de Xavier Scarbuccia,
cultivateur aisé de Guagno, dont le frère Gré-
gorio était à la tête d'une bande dans les environs, ne pouvait laisser de doute à personne.

Quelques heures après, la gendarmerie, aidée
de quelques hommes du pays, se mit à la recherche des bandits. Ils furent égarés par de faux
renseignements qu'on leur donna. Toute la nuit
et la matinée du lendemain, ils battirent inutilement la campagne.

Le 12, le corps de la jeune fille fut trouvé dans
le Liamone, frappé d'une profonde blessure entre
le cou et le sein gauche, portant des meurtris-
sures au visage, aux bras, aux cuisses.

Y avait-il eu meurtre ou suicide? L'un et l'autre.

La Virgo avait été amenée dans une maison
isolée de la commune d'Azzana. On la descendit
dans une sorte de souterrain. Elle fut outragée
par Xavier Scarbuccia. D'autres bandits la con-
voitaient. Elle était là, presque nue, les vêtements
en lambeaux, les cheveux épars, couverte des
souillures de la lutte, saignante; un de ces hommes mit encore la main sur elle; Xavier le frappa
d'un coup de poignard; on se précipita sur lui,
on lui arracha son arme; comme il se débattait

en hurlant : « J'aime mieux qu'elle meure! » elle s'approcha de lui, ramassa un long couteau qui était à terre et le lui mit dans la main ; elle se dressa devant lui. Avant qu'on pût l'arrêter, il plongea ce fer dans la poitrine de la Virgo, qui tomba d'abord à genoux, puis à la renverse. Xavier l'enveloppa dans son pellone et la porta dans le Liamone. Quand il revint, il était comme un insensé. On le garrotta.

Le sort de cette infortunée émut les âmes. La sensation fut profonde, surtout dans cette région de la Corse montagneuse dont Corte est le centre, la Corse de l'indépendance et du banditisme, la vraie Corse ; car aux deux extrémités, au nord surtout, si le banditisme ne s'est jamais acclimaté à l'état d'institution nationale, jamais non plus l'effort contre l'étranger n'a été héroïque.

Ce triste et doux nom, la Virgo, était dans toutes les bouches, il remuait tous les cœurs, il faisait couler des pleurs de tous les yeux, larmes de pitié et d'indignation, mais larmes encore sté-riles, aucun bras ne se levait.

Il fallait maintenant un exemple, une initiative. Les matières inflammables étaient entassées ; il manquait encore, pour l'explosion, une main qui y mît le feu.

Vous vous rappelez ce jeune prêtre, l'abbé Del Mente, dans les bras duquel tomba le Dr Padiolo.

Après avoir dit les dernières prières sur le corps de son ami, il se dirigea vers le Monte Renosa où était Giocante di Cinarca. Il lui raconta

la mort du docteur. Le patriarche du banditisme
corse en fut plus indigné que surpris; mais ce qui
étonna l'abbé, c'est de remarquer que sa fureur,
d'ordinaire si expansive, était ce jour-là concen-
trée. Giocante, évidemment, méditait, il cherchait
un problème.

— Mon oncle, lui dit l'abbé, j'ai aussi à vous
parler pour moi.

— Je t'écoute, mon enfant.

— Vous connaissez Pietro Scopamane, le mauvais bandit.

Il vint, il y a cinq mois, dans mon presbytère
et me demanda 3 francs. Je les lui donnai. Il
revint le mois suivant et me demanda 6 francs;
je les lui donnai encore; puis, le mois d'après, il
exigea 12 francs; et je pus encore le satisfaire;
enfin, la dernière fois, avec de terribles menaces,
il m'a extorqué 24 francs. C'est aujourd'hui qu'il
doit revenir et il voudra 48 francs, Je ne les ai
pas.

— C'est ce soir?

— Oui, il vient tous les 10 du mois, sur les
neuf heures du soir.

— Eh bien, il viendra ce soir pour la dernière
fois.

— Que la volonté de Dieu soit faite. Je ne peux
pas l'impossible. Vous savez, mon oncle, que mon
traitement est de cinq cent cinquante francs, et
mon casuel à peine de quatrevingt-dix; que j'ai
ma pauvre vieille mère à nourrir; qu'il me faut
de loin en loin une soutane neuve, puisque je

n'en ai qu'une; et puis, les petites aumônes qui
sont nécessaires dans mon état...

— Mon cher fils, je te tuerai ce soir Scopamane; mais rends-moi aussi un service, prends
cela.

Et il tira d'une ceinture de cuir pendue dans
sa cabane une quinzaine de pièces d'or.

— Non, mon oncle, non...

— Pas pour toi, pour ta mère, ma cousine; tu
sais que je ne manque pas de biens.

— Mon bon oncle, dit Del Mente ému.

Et il tendit les bras au vieillard.

Dans le mouvement qu'il fit vers en haut, car
Giocante était beaucoup plus grand que lui, son
mince vêtement noir s'entr'ouvrit, et l'on aurait
pu voir que le pauvre prêtre, qui n'avait qu'une
soutane, n'avait pas de chemise. Ses pieds aussi
étaient nus dans ses gros souliers ferrés.

Les yeux de Giocante, qui le regardait avec
une sorte de compassion attendrie, changèrent
tout à coup d'expression. Une idée soudaine venait de lui traverser l'esprit.

—Del Mente, s'écria-t-il, avec cette spontanéité
impétueuse qui le caracterisait, Del Mente, tu
peux être le libérateur de la Corse; veux-tu l'être?

— Mon oncle!

— Ecoute.

Cinarca lui confia alors cette pensée qui venait
de l'envahir.

Le prêtre résista longtemps: il combattit; il
fut enfin vaincu par l'éloquence fiévreuse de son

oncle et promit de faire ce qu'il exigeait de lui.

Au bout de deux heures d'entretien, il descendit du Monte Renosa et se dirigea vers son presbytère de Molto, qui est, comme l'église, situé à l'extrémité du village.

Pendant la route, il donnait les signes d'une vive agitation intérieure.

On entendait sa voix étouffée :

— Mon Dieu, est-ce vous qui m'avez envoyé cet ordre? Affermissez-moi alors dans vos desseins, car je chancelle. Si la tentation vient de l'enfer, chassez-la de mon esprit...

Comme il arrivait à sa maison, il rencontra le capitaine de gendarmerie de Corte qui se rendait avec ses hommes à Sari d'Orcino: ils traversaient la route en cet endroit pour reprendre le sentier des montagnes.

Basileo Scrignone les accompagnait, car il se séparait rarement de ses mules.

L'abbé qui, comme toute la Corse, connaissait le Luquois, apprit par lui le rapt de la Virgo et l'assassinat sacrilège du petit berger du Niolo.

— C'est Dieu, pensa l'abbé, qui parle par la bouche de mon oncle Giocante. J'obéirai.

En entrant chez lui, il dit à sa mère :

— Ma mère, mettez-vous en prières.

Il prit sa vieille bible au-dessus de la cheminée. Il l'ouvrit comme au hasard et tomba sur le livre des Macchabées, où il est parlé du fer sacré d'Eléazar.

— Eléazar! cria-t-il comme illuminé, Eléazar veut dire « qui a l'appui de Dieu! »

Il faisait déjà nuit dans cette pauvre cuisine du pauvre presbytère, quoique au dehors le cré-puscule durât encore.

Il rangea tout selon ses projets,

Bientôt un léger bruit se fit à la porte. Une ombre entra furtivement.

— *Signor curo*, je viens pour mon argent.

— J'ai pensé, Scopamane, que nous ferions mieux de nous entendre. Je ne puis plus compter sur rien si vous forcez toujours la somme. Je ne vous donnerai pas plus de 6 francs.

— Six francs, *signor curo!* Par le sang de la Madone ! on ne rabat jamais avec moi. La der-nière fois, vous m'en avez donné vingt-quatre. Tout ce que je peux faire pour vous, c'est de m'en tenir chaque mois à ce chiffre. Consultez-vous.

Et, ce disant, Scopamane faisait sonner avec affectation la crosse de son fusil sur le sol, comme un soldat qui repose son arme.

L'abbé discuta et supplia. Puis, comme prenant une résolution :

— Donnez-moi au moins par écrit la promesse que vous ne dépasserez jamais les 24 francs.

— Je ne sais pas écrire.

— Votre croix me suffira.

— Allons, écrivez donc le billet.

— Le voilà tout préparé, car j'avais arrêté de vous faire cette proposition. Asseyez-vous là, à la table; voilà la plume et l'encre, et voici vos 24 francs pour le mois.

Le bandit s'assit et se pencha pour tracer sa croix, en rapprochant de ses yeux la petite lampe fumeuse.

Le prêtre était debout derrière lui, à portée du foyer; il tendit la main vers l'âtre, remua doucement les cendres éteintes, releva le bras, un éclair brilla dans l'obscurité, s'abattit sur la tête de Scopamane et lui fit sauter la partie supérieure du crâne; le bandit tomba le nez sur son papier; sa main droite, qui tenait la plume, s'allongea sur la table d'un geste tragique, son sang coula dans l'encrier.

L'abbé Del Mente replaça dans le foyer la large et courte hachette dont il venait de frapper, puis, s'agenouillant, il psalmodia un *De profondis*.

Il laissa le bandit où il était, alla prévenir le maire de Molto, et de là courut au Monte Renosa.

Il était une heure de la nuit quand il arriva près de son oncle. Celui-ci, l'entendant venir, se précipita à sa rencontre.

— C'est fait, dit l'abbé.

— O mon fils, avant je t'aimais, maintenant je te respecte et je t'admire comme le libérateur de ta patrie; sans toi, je ne pouvais rien; grâce à toi, ma tâche va s'accomplir.

— Que dois-je faire ? Que me conseillez-vous ?

— Tout ce que tu feras sera bien fait. Veux-tu retourner à Molto ? Tu y seras aimé et honoré,

comme jamais prêtre ne l'a été, car les consé-
quences de ta belle conduite ne vont pas tarder à
apparaître. Tu peux m'en croire là-dessus. Veux-
tu vivre à Cinarca ? Tout ce que j'ai est à toi et à
ta mère. Veux-tu te rendre, pour faire une retraite,
au couvent de Vico, où est actuellement notre
évêque ? Monseigneur et moi, nous sommes de
vieux amis ; il n'a pas, plus qu'un honnête Corse
ne doit l'avoir, l'horreur du mâkis, il te recevra
à bras ouverts.

L'abbé s'arrêta à ce dernier parti.

Quand Giocante l'eut embrassé, remercié, béni
et exalté encore bien des fois, il remonta sur son
sommet du Renosa, il alluma trois feux en triangle,
sur une roche plate qui regardait le nord, et où
se voyaient de vieux dépôts de cendres indiquant
que souvent elle servait à cet usage. C'était le
signal par lequel le seigneur Giocante appelait à
lui ses amis de la plaine.

Au point du jour, ils arrivèrent. Ils étaient en
tout 63, et l'on comptait parmi eux 29 de ses enfants ou petits-enfants, tous d'âge à porter les
armes.

Il leur donna ses ordres. Ils partirent immédiatement dans toutes les directions, et pour toutes
les pièvres ou anciens cantons de la Corse.

L'émotion, ai-je dit, avait été extrême dans le
pays, en apprenant, parmi tant de méfaits que
semblaient accumuler à plaisir les bandits pour
attirer sur eux la réprobation publique, les trois
assassinats du jeune berger, du docteur et de la

Virgo. Néanmoins, dans les journées des 11 et 12 juillet, quand la nouvelle de ces derniers crimes se répandit, personne ne réagit par la force. Les populations furent agitées et indignées ; elles ne bougèrent pas ; elles attendaient, écoutaient, regardaient de quel côté leur viendraient un signal, un exemple, une impulsion.

Le 13, seulement, on apprit l'initiative prise par l'abbé Del Mente. Il y eut un frémissement.

Le même jour, dans l'île entière, les émissaires de Giocante annonçaient qu'il faisait une levée pour l'extermination des brigands et que le rendez-vous était pour le 16, au premier soleil, à Orezza.

Le mouvement fut enthousiaste et général. Dès le 14, les coups de fusil retentissaient de tous côtés, des prises d'armes partielles avaient lieu, dans la plupart des cantons, contre les bandits qui, jusque-là, avaient exercé par la terreur, des déprédations et des violences impunies. Dans la journée du 14, on en abattit 7 ; dans la journée du 15, on en tua 3 et 7 dans celle du 16. Mais ce n'était là que des scélérats vulgaires, isolés, sans notoriété, le menu fretin du banditisme.

On attendait, pour porter les grands coups, l'action de Giocante.

En se mettant en route pour Orezza, il crut devoir écrire au préfet la lettre en italien dont voici la traduction littérale :

« De mon palais de verdure du Monte Renosa,
le 15 juillet 1854.

« Excellence,

« L'honneur de la Corse, qui doit être vôtre comme il est mien, va se perdre par la malice des bandits malintentionnés. Ils ont fait déborder le torrent de leurs crimes. Parmi des forfaits innombrables, ils ont donné la mort au docteur savant Henrico Padiolo, profané la beauté innocente de la Virgo, frappé de leurs balles sacrilèges des cadavres même et forcé un prêtre sacré à devenir meurtrier. Assez ! Vous gémissez autant que moi de tant de scélératesses, mais ce n'est pas vous faire injure de dire que vous n'avez pas les moyens nécessaires de les punir. Je vous fais donc savoir que je me lève contre eux.

« Je me dis le très humble de Votre Excellence.

« GIOCANTE DI CINARCA. »

Que pouvait l'autorité ? Que devait-elle faire ?

Elle n'avait que trois partis à prendre : s'opposer à la concentration des forces de Giocante à Orezza, ou se joindre à lui et favoriser son mouvement, ou se tenir à l'écart et laisser aller.

La première résolution, il n'y avait pas à s'y arrêter, sous peine de faire écraser les brigades déjà exténuées par des alertes incessantes; et d'ailleurs combattre Cinarca, car c'est les armes à la main qu'il aurait fallu arrêter ses desseins,

c'était s'allier indirectement aux pires scélérats
de l'île, les sauver du grave péril qui les menaçait
et les conserver en quelque façon, pour perpé-
tuer la honte et les calamités du pays.

La seconde proposition, s'allier à Giocante pour
agir de concert, n'était pas plus acceptable que
la première, car s'unir à lui, c'était le suivre, et
il était impossible pour le gouvernement de se
rendre solidaire d'un condamné contumax, en
engageant sa responsabilité dans des actes dont
la direction ne lui appartiendrait pas.

Il n'y avait donc à prendre qu'une attitude ex-
pectante; encore n'était-il pas possible de dému-
nir de gendarmes les autres parties de l'île pour
les rassembler tous à Orezza. Le trouble était général, universel, et chaque arrondissement, chaque
canton, chaque commune avait un absolu besoin
de l'intégralité de ses forces pour réprimer, autant
qu'on le pouvait, les attentats qui venaient à s'y
commettre et empêcher surtout que la perturba-
tion des esprits, dégénérant en violences, ne fît de
la Corse un immense abattoir.

Le préfet avait consulté le colonel de la gendarmerie, qui, en ce moment à Sari d'Orcino, à
l'occasion du meurtre de Padiolo, avait reçu les
inspirations du capitaine de Corte. Celui-ci, convaincu depuis longtemps que le banditisme ne
pourrait être radicalement détruit et extirpé que
par la réaction victorieuse des honnêtes gens
qu'il renfermait, prêchait cette idée et conjurait
ses supérieurs hiérarchiques de ne pas laisser

échapper une occasion si favorable, unique sans doute, d'en tenter au moins l'application.

L'ardeur de ses convictions fut communicative. L'autorité, en restant neutre, était sympathique, non seulement au but de Giocante, mais à ses moyens. La conclusion de toutes les discussions à ce sujet, dans les régions officielles, hautes et basses, je veux dire depuis le conseil des ministres, quand il en délibéra tardivement, jusqu'au plus humble des gardes champêtres, fut, avec plus de dignité ou de vulgarité dans l'expression : « Après tout, qu'ils se tuent entre eux, il en restera toujours assez. Réservons-nous pour enterrer les morts et achever les vivants. »

L'autorité donna donc en réalité carte blanche à Cinarca, et pour ne pas même apporter une sorte d'opposition morale à l'expansion d'enthousiasme qui entraînait la Corse après lui, elle ferma les yeux sur le cas du curé de Molto, qui fut regardé comme l'exercice d'une légitime défense.

Les conjurés de l'honneur insulaire purent ainsi, en toute liberté, se réunir à Orezza; ils commencèrent à y arriver le 15 dans l'après-midi.

La place qui entoure la fontaine se couvrait d'hommes et de chevaux; de tous les villages voisins on y apportait des vivres et des objets de campement.

La foule était immense.

A ce moment de l'année, des malades, venus souvent de fort loin, y affluent.

C'est que ces eaux ont, prises à la source, une

efficacité merveilleuse. Elles renouvellent, plusieurs fois par saison, le miracle de la résurrection. J'y ai vu arriver, dans l'été de 1854 même, quelques semaines avant l'expédition de Cinarca, un jeune Espagnol, dont le nom m'échappe.

Il était fils d'un ancien ministre des finances ; mais il y a eu en Espagne tant de ministres, que ce signalement est insuffisant. Il allait mourir, peut-être même était-il mort ; en tous cas, la vie n'était plus en lui que comme cette dernière flamme bleuâtre qui tremblote aux bords d'une lampe qui va s'éteindre, ou qui persiste encore un court instant quand elle est déjà éteinte, alimentée par la fumée seulement.

Tel était l'état de l'Espagnol, qui s'en allait d'anémie. Les médecins de Madrid l'avaient expédié à Paris, suivant une pratique qui se généralise, pour n'avoir pas l'ennui d'assister à ses obsèques. Pourvu que le pauvre malade désespéré aille ailleurs, il n'importe où, c'est *ad libitum* que, pour la même affection, ils vous l'envoient finir dans l'atmosphère brûlante de Madère ou sur les glaciers de la Suisse.

— Je vous conseille, monsieur, d'aller à Ténériffe.

— Au bas ou au haut du pic, docteur?

— Ah! diable! au fait, où vous voudrez ; vous suivrez sur les lieux votre inspiration ; il ne peut pas y avoir plus de soixante-cinq degrés de différence dans la température,

Notre Espagnol avait donc été dirigé sur Paris ;

mais on vit bien qu'il ne franchirait jamais les
Pyrénées. On ne voulait pas qu'il mourût en deçà,
et on l'embarqua à Barcelone pour Marseille. Il
ne put supporter la traversée, et, en passant, on
le déposa à Ajaccio. C'est de là qu'on le porta à
Orezza. On se demanda si c'était bien la peine
de le faire boire.

Le premier jour, par acquit de conscience, on
lui donna ce qui tiendrait dans une demi-coque
d'œuf. Il poussa un soupir imperceptible. Le
lendemain, deux demi-coques, et la petite flamme
bleuâtre sembla se raffermir sur la mèche. Le
troisième jour, quatre. Ah! la flamme prit une
teinte rouge. Chaque jour, on doubla ainsi; le
cinquième, il en but seize; le sixième, trente-
deux, et, ce jour-là, le miracle était consommé;
la résurrection assurée, il n'y eut plus qu'à la
confirmer, ce qui s'opéra dans la semaine suivante.

— Vous avez été bien bon pour moi, me dit-il,
en m'étreignant la main avec une force qui prouvait son parfait rétablissement; vous avez pris à
ma guérison un intérêt dont je vous ai de la reconnaissance.

— Eh bien! lui répondis-je, pour me la marquer, rendez-moi donc un service.

— De grand cœur. Lequel?

— Dites-moi sincèrement ce que vous avez vu
dans l'autre monde pendant que vous y étiez.

C'est vraiment un spectacle à réjouir le cœur
des philanthropes que de voir bouillonner la co-

lonne écumeuse des eaux d'Orezza. Elles seront un jour, avec le mélange du sang noir au sang blanc, un puissant agent de régénérescence pour notre race qui ne cesse de s'appauvrir.

Mais ceux qui entouraient la source cette nuit-là n'en avaient pas besoin.

A l'aube, leurs rangs tumultueux se mirent en marche. Ils gravissaient la montagne, où le chemin, qui part de la fontaine, rencontre d'abord le village de Stazzona, au-dessus celui de Piedicrocce, qui est le chef-lieu de canton, et au delà, à environ 300 mètres, le couvent, lieu de leurs délibérations.

Une multitude, que nous n'évaluâmes pas à moins de 12,000 personnes, car nous avions voulu, mes amis et moi, voir ce spectacle, garnissaient les deux bords de la route.

Giocante di Cinarca marchait en tête, au milieu des principaux de son parti. Il était naturellement l'objet d'une ardente curiosité. Beaucoup de gens, dans cette foule, qui connaissaient son nom légendaire, l'avaient jusqu'alors considéré comme un mythe, un symbole du patriotisme exalté, de l'honneur ombrageux, de la loyauté intransigeante, et de tout cet ensemble de qualités héroïques et folles qu'on appelle donquichottisme.

De fait, Giocante avait dans sa personne quelque façon du traditionnel héros de Cervantès Saavedra. Tous les hommes de ce tempérament ont cette ressemblance : le front bombé par le bas, fuyant par en haut, la tête développée en longueur, les pommettes saillantes, le menton proéminent, le nez arqué, les joues creuses, la barbe rare, les yeux hagards, et, dans toute l'habitude de leur corps, un air de fantoche. Tous aussi sont grands de taille, maigres, osseux, robustes et d'une santé inaltérable.

C'est ainsi que Dieu, par un plan d'architecture dont on n'a pas encore sondé le mystère, construit la maison humaine dans laquelle il veut loger à la fois une tête incandescente et un cœur brûlant. Intelligences d'ailleurs souvent médiocres pour l'invention et la combinaison des moyens, parce qu'elles sont dépourvues du sens exact des choses usuelles, où le vulgaire a tant d'avantages; mais on ne peut pas, quand on est soi, être tout le monde.

Giocante était bien un admirable vieillard : haut, droit, tout d'une pièce, aux mouvements un peu automatiques. Il avait alors, comme je l'ai déjà dit, quatre-vingt deux ans.

Il était monté sur une délicieuse mule couleur souris qui avait aussi sa légende dans l'imagination populaire. Des rangs pressés, qui battaient des mains et criaient: « Viva Giocante, viva! » on entendait sortir en même temps ces mots : « Voyez la Muca, la Muca ! » Et celui qui la conduisait par la bride, son maître Basileo Scrignone, n'était pas peu touché de l'admiration accordée à celle qu'il aimait tant.

Quand les Corses, qui sont généralement

graves, taciturnes et moroses, sortent de leur naturel, ils portent les démonstrations jusqu'au délire. L'aspect du vieux Cinarca les avait empoignés. Ils voulaient à leur tour l'enlever et l'emporter dans leurs bras. Scrignone, ne supportant pas qu'on fît cet affront à la Muca, s'y opposa avec une énergie qui triompha de cet enthousiasme idolâtre. Il était temps pour lui cependant qu'on arrivât au couvent.

Giocante avait choisi ce lieu de réunion comme le plus central de la Corse, mais surtout à cause de son illustration, car c'était là que, de tout temps, les patriotes se rassemblèrent pour délibérer. Paoli y avait tenu les trois consultes qui marquèrent les époques les plus solennelles de sa vie : en 1755, quand éclata l'insurrection contre les Génois; en 1788, quand il se résolut à combattre les Français; en 1796, quand il dut quitter pour toujours son pays.

Giocante voulait surtout compter ses forces. Il avait autour de lui 367 fusils, recrutés dans les trois catégories suivantes :

211 condamnés contumaces ou bandits, comme leur chef;

98 parents de victimes, qui venaient venger les leurs;

58 volontaires qui, sans griefs personnels, apportaient leur concours à une œuvre patriotique.

Tous ces hommes armés entrèrent dans le couvent à sa suite. Les portes furent fermées. On entendit les rapports que chacun avait à faire sur l'état de choses dans sa piève ou région. Ils décidèrent, en somme, qu'on détruirait sans merci tous les bandits qu'ils désignaient par l'expression de *malintentionnés*. Ils se divisèrent les forces à cet effet : onze chefs durent opérer séparément chacun dans sa contrée. Giocante se réserva d'agir de sa personne contre les assassins de la Virgo et du docteur Padiolo.

Ils résolurent enfin, dès que ces expéditions partielles auraient eu lieu, de se joindre tous ensemble pour attaquer les deux plus fortes bandes qui existassent alors, celle des Colonna, dans la Balagne, et celle des Bellacocce, à Pentica. À cet effet, chaque chef, dès qu'il aurait achevé son œuvre particulière, devait se rendre à Bocognano avec ses hommes et attendre là les directions de Giocante.

Ils avaient tenu trois séances au couvent : la matinée du 16; l'après-midi du même jour ; le lendemain matin. Le 17, vers midi, ils se séparèrent.

Giocante amenait avec lui un fort détachement de sa petite armée, environ quatre-vingt-dix hommes. Ils se dirigeaient vers Guagno, en traversant cette admirable contrée des plateaux montagneux, dans les communes de Ramaggio, de Felce et de Valle-d'Alesani, que l'on parcourt à l'ombre des grands châtaigniers, impénétrables aux rayons du soleil. Durant les brûlantes chaleurs de l'été, l'air et la lumière y sont d'une douceur indicible, et c'est là seulement qu'on peut comprendre ce rêve que faisait l'antiquité, d'un bonheur parfait, rien qu'à respirer et vivre dans les beaux bois élyséens.

Cette région est un grenier d'abondance. La châtaigne compose la principale nourriture des Corses, manne qu'ils cueillent aussi sans fatigue et qui tombe pour eux du haut de ces arbres superbes. Ils en font une farine aussi délicate que celle du pur froment, et, de cette farine, le pain ou gâteau nommé polenta.

Sans la châtaigne, la Corse mourrait de faim ou devrait se mettre à travailler. Il serait téméraire de dire quel parti elle prendrait. Le travail, cependant, lui serait facile, et la fertilité naturelle du sol l'y invite. J'ai vu sur les bords du Tavignano, et on peut sans doute le voir dans bien d'autres endroits, des terreaux, formés par des dépôts de feuilles, où la luzerne se coupe onze fois par an. Si vous oubliez votre canne fichée en terre, l'année suivante vous retrouverez un plant.

Cette chaude fécondité ferait de la Corse, bien cultivée, une corbeille de fleurs et de fruits, la petite reine embaumée de la Méditerranée. On la laisse envahir par le muccio, arbuste aromatique d'une senteur exquise et pénétrante, à la vérité, qui révèle la nuit à deux kilomètres en mer, l'île invisible, mais qui ne peut nourrir que l'odorat.

La Corse doit avoir une prétention plus substantielle que celle d'être une gueuse parfumée,

Grâce à sa paresse, le peu d'argent qu'elle a passe aux Luquois.

Les compatriotes de Basileo Scrignone arrivent à la mi-novembre, au nombre de 9 à 10 mille et se répandent sur toute la Corse. Ils viennent de la Toscane, et, peut-être en plus grande partie des environs de Luques, ce qui leur aura fait donner le nom générique qu'ils portent. Chacun d'eux, débarqué à Bastia avec sa pelle, son pic, sa marmite et son pellone, s'en va gager ses services du Nord au Sud, pour défoncer le sol ou construire des murs en pierres sèches, à 2 fr. 45 par jour.

Il dépense 40 c. pour sa polenta, 10 c. pour son coucher, 10 autres centimes pour les extra; et ce régime laborieux et économique se prolongeant jusqu'au mois d'avril, il s'en retourne emportant 200 fr. net. C'est 2 millions de moins pour la Corse, qui n'en a pas beaucoup. Chaque année la même opération se renouvelle.

Les Corses cependant consentent à faire la récolte, ou plutôt ils y sont obligés, puisque les Luquois rentrent chez eux avant l'époque de la moisson. Ils commencent même à se mettre à d'élégantes cultures de peu de fatigue, comme celle des cédratiers, et ils font en cela grand plaisir aux juifs de Livourne, qui consomment beaucoup de petits cédrats dans la pratique de leurs mystères.

Les Corses, donc, n'aiment pas le travail de la terre, qui est servile à leurs yeux. C'est le préjugé

des races nobles, comme étaient les anciens Grecs.
Mais ils n'ont pas l'excuse de l'art, Cyrnos n'est
pas une Attique. On n'a encore vu parmi eux ni
poète, ni peintre, ni sculpteur, ni musicien, ni
philosophe, ni orateur. Leur supériorité de génie
éclate dans la diplomatie, l'administration, la police, la guerre; là, ils sont aussi admirables quand
ils combinent que quand ils exécutent, et autant
par la main que par l'esprit.

Ils devraient bien aussi s'abaisser jusqu'à la
pratique de la culture du sol, pour que le Luquois
ne vînt plus aspirer comme une pompe et sucer
comme une ventouse le dernier sol au fond de
leur bourse légère.

Aimer la terre, d'où tout sort et où tout rentre,
c'est la grande vertu. C'est dans les sillons que
Dieu a semé la destinée des hommes, mais pour
la faire lever, il faut l'arroser de leurs sueurs.
Au lieu de se conformer à cette loi, les Corses se
complaisent à rêver qu'elle admet des exceptions,
et beaucoup d'entre eux se disent qu'après tout,
on peut devenir empereur, puisque Napoléon l'a
bien été.

Mais ces réflexions n'étaient pas, je dois l'a-
vouer, celles qui occupaient Giocante et ses compagnons. Ils songeaient à la bande des Scarbuccia, qu'ils allaient détruire pour venger la mort
de la Virgo.

Ils s'affermissaient eux-mêmes dans le dessein
d'en faire un terrible exemple.

Pour Basileo Scrignone, il pensait encore à autre chose. Il marchait devant sa mule sur laquelle était monté le chef de la troupe. Toute ruche d'homme a son miel, a dit le poète. Le miel du Luquois était dans la forêt d'Aïtone, dans une cabane vaste et très aérée, trop aérée même, car elle n'était bâtie qu'en pierres et en planches mal jointes; mais dans cette cabane, sa femme et ses enfants, occupés maintenant aux soins du ménage, à faire la gamelle aux ouvriers, pensaient aussi à lui, et, dans une heure ou deux, quand tout ce monde d'étrangers aurait soupé et serait allé se coucher, ils parleraient de lui entre eux seuls, se demanderaient où il est en ce moment, quand il reviendra, et comment se porte la Muca.

A cette idée, Scrignone se rapprochait de sa mule, lui flattait le cou de sa main, lui disait, en passant, dans ses longues oreilles, de petits doux mots qu'eux deux entendaient, et, dans les courtes haltes qu'on faisait, il lui pressait furtivement la tête contre sa poitrine et baisait ses larges mâchoires au poil lisse.

On arriva ainsi, à dix heures du soir, dans la nuit du 18 au 19 juillet, près du village d'Azzana. Giocante mit pied à terre. Toutes les mules furent remisées dans un épais fourré et 10 hommes furent préposés à leur garde.

Scrignone se mit en marche pour guider les autres. Ils traversèrent le village, reprirent la campagne de l'autre côté, et, au bout d'une centaine de mètres, le Luquois dit à Cinarca :

— Je pense qu'ils doivent être là.

Il lui montrait à quelque distance une maison isolée, qu'on entrevoyait dans la nuit.

— Halte ! dit Giocante, qui donna ses ordres à voix basse.

La troupe se développa en cercle autour de la maison, embrassant d'abord un espace assez considérable, puis se resserra comme pour cerner tout ce qui se trouvait à l'entour.

Cette manœuvre allait se terminer quand trois coups de feu partirent des fenêtres de la maison.

Cinarca s'élança contre la porte, et d'un effort vigoureux la jeta en dedans. La fusillade éclata alors de part et d'autre, dans une obscurité complète. Puis la lutte s'engagea corps à corps à coups de stylets et à coups de crosses.

Les bandits corses, bons ou mauvais, n'ont jamais fait usage de la baïonnette. La lutte fut vive, mais courte. Six des hommes de Menfredo Scarbuccia furent tués ou frappés, et saisis en quelques secondes. Quatre purent s'enfuir, au nombre desquels était Menfredo lui-même. Un fut pris vivant sans blessure. Enfin, dans la cave, on trouva Xavier Scarbuccia garrotté.

Cinarca avait deux hommes morts et cinq plus ou moins grièvement atteints.

Lui-même avait la main droite traversée par une balle et trois coups de poignard assez légers dans le bras du même côté. Toutes ces blessures lui avaient été faites par le même bandit, dont il avait saisi le fusil par le canon.

Il fit allumer des branches de pin.

Séance tenante, il fit venir celui qu'on avait pris et qui était intact.

— Où étais-tu donc pendant le combat, toi? lui demanda-t-il.

L'autre ne savait que répondre. Enfin, croyant bien faire :

— Je m'étais, dit-il, jeté à plat ventre dans ce coin-là et je n'ai ni tiré ni frappé.

— Je m'en doutais. Mais, lors même qu'on est un bandit malintentionné, on ne se laisse pas prendre sans combattre. Tu es un lâche

Et il lui brûla la cervelle.

— Scrignone, poursuivit-il, tu m'as dit, n'est-ce pas, qu'ils étaient onze le jour de l'enlèvement ?

— Oui.

— Et quand tu as vu le corps de la Virgo, tu as pensé, d'après les marques, que plusieurs l'avaient tenue ?

— Oui.

— Et aujourd'hui, combien étaient-ils ?

— Onze encore : quatre échappés, trois morts, celui que vous venez de tuer et les trois blessés.

— Ils en ont donc tous été du commencement à la fin ?

— Oui.

— Qu'on achève les trois blessés, ordonna-t-il froidement.

On entendit trois coups de fusil dans la maison.

— Maintenant en route pour Patricciola, et emportez Xavier Scarbuccia comme il est.

Les cinq blessés de la troupe de Cinarca furent placés sur des mulets et conduits à l'établissement des bains de Guagno, auquel un médecin est attaché.

Les deux morts furent déposés dans l'église d'Azzana, en attendant que leurs parents vinssent les prendre.

— Quant aux corps de ces bandits malintentionnés, dit Giocante au maire de la commune et à tous les autres habitants que la fusillade avait attirés, je défends qu'on y touche avant trois jours; ils resteront là, comme les voilà, afin que qui voudra les voir les voie.

Quand la troupe arriva à Patricciola, il faisait déjà grand jour, et une foule assez considérable la suivait.

Giocante avisa une cépée de hêtres à une petite distance de la maison de la Virgo et à l'endroit même où le rapt avait eu lieu. Il expliqua à ses gens ce qu'il voulait faire. Ils défilèrent Xavier Scarbuccia et replacèrent d'une autre façon les cordes solides qui le garrottaient; ils le dépouillèrent de ses vêtements, ne lui laissant qu'une ceinture; puis, choisissant deux troncs d'arbre parallèles, ils l'y attachèrent pas les pieds et les mains, comme écartelé, la tête en bas.

Ce malheureux ne manquait pas de fermeté. Pendant les préparatifs de son supplice, il ne sourcilla pas, ne proféra pas un mot; seulement,

il tenait les yeux fermés, sans doute à cause de
l'affluence des gens de Guagno.

Il resta là attaché toute la journée du 19 juillet.

Dans l'après-midi, des mains cruelles vinrent
enduire son corps de miel pour attirer les mou-
ches. Ses souffrances en augmentèrent horriblement.

Vers le soir, le délire commença à le prendre.

La nuit venue, Giocante fit éloigner tout le
monde, même les parents de la Virgo, qui durent
quitter leur demeure.

Lui-même feignit de se retirer avec sa troupe,
et de s'établir à Guagno; mais ils prirent isolé-
ment des chemins détournés et revinrent occuper
les postes qui leur avaient été assignés secrète-
ment.

Quelques heures plus tard, Menfredo Scarbuccia et les trois qui avaient pu prendre la fuite
avec lui, enhardis par la solitude qui s'était faite
autour de Xavier, s'approchèrent pour le déli-
vrer. Ils entrèrent ainsi dans les embuscades où
ils étaient attendus et tombèrent sous les balles
vengeresses.

Le supplicié entendit ces détonations, mais il
n'en comprit sans doute pas la signification. Son
délire était devenu effrayant. Au point du jour,
la foule se reforma autour de lui, elle ne cessait
de s'accroître, accourue de tous les lieux où le
bruit de cette tragédie se propageait. Ce n'était
pas sans émotion qu'elle contemplait les convul-

sions de ce misérable, et l'on ne sait quel sentiment put dominer en elle, haine, effroi ou pitié,
quand, dans les derniers efforts de la vie contre
la mort, elle entendit, dans un sanglot suprême,
sortir de la poitrine torturée de Xavier Scarbuccia, ce cri d'amour ou de malédiction : la Virgo!
la Virgo!

Quand on vint annoncer à Giocante qu'il était
mort, les médecins achevaient son pansement et
lui mettaient le bras en écharpe. Ils lui ordon-
naient le repos, sous peine de voir survenir les
accidents les plus graves. On était au 20 juillet,
à midi, et depuis le point du jour, le 17, il était
sur pied; mais, outre sa vigueur et son activité
naturelles, il était dans un de ces moments de
surexcitation qui, en se déclarant, inspirent les
résolutions héroïques et, en se prolongeant, per-
mettent de les accomplir. Dans sa petite sphère
d'action, ce vieillard était bien de la race des
héros et en avait tout le tempérament.

Il n'était pas d'humeur à s'arrêter et renvoya
bien loin les médecins et leurs prudents conseils.

Dès le 18, il avait concerté avec Scrignonc les
dispositions à prendre pour détruire Quastana.
Le Luquois savait où ce fauve était remisé en ce
moment; il savait aussi que, débuché, il voudrait
gagner le Coccione; il savait encore que, serré de
trop près dans les montagnes, il chercherait à
passer en Sardaigne par l'un des trois ports qu'il
hantait d'habitude, Propriano à l'ouest, Porto-

Vecchio à l'est, Bonifacio au sud; qu'enfin, si l'accès du rivage sur ces trois points lui était interdit, il viendrait se jeter à la mer au cap Pertuisato pour se sauver à la nage par les îles Cavallo, Lavezzi et Maddalena.

C'est en conséquence de ces données que le plan de la battue fut arrêté.

Scrignone donnait l'assurance que Quastana était caché dans les bois de la commune de Tavera.

Il s'agissait donc d'abord de lui couper la retraite entre Tavera et le Coccione.

A cet effet, quatre postes principaux de cinq hommes chacun furent établis aux passages qu'il devait très vraisemblablement aborder, car ces passages servaient à la fois à franchir une route et une rivière.

C'étaient :

1° Le passage d'Ucciani, à l'endroit où la rivière Gravone rencontre la route de Bastia à Ajaccio ;

2° Le passage de Tolla, à l'endroit où la rivière Prunelli joint la route de Bastelica à Ajaccio ;

3° Le passage de Zicavo, à l'endroit où la rivière Tavero et la route de Corte à Sartène vont se réunir ;

4° Le passage de Sorbollano, où la même route franchit deux fois la rivière Tavario.

Entre ces quatre postes, il y en avait seize autres, composés de chacun trois hommes.

Pour le traverser tous, il faudrait à un bon

marcheur, qui n'aurait pas d'embûches à craindre ni de dangers à éviter, environ seize heures.

Giocante, à la tête de 15 hommes, devait mener la poursuite.

Dans la nuit du 20 au 21, toutes ses mesures furent prises.

Il attaqua le bandit dans le bois de Tavera, le 21 au point du jour, c'est-à-dire vers trois heures du matin.

Quastana partit de suite, dès que sa chienne lui eut révélé l'approche du péril. Il évita ainsi d'être tiré au lancé.

Il suivit en ligne droite la direction qu'on avait supposée, jusqu'à Ucciani, mais sous bois. On lui envoya sans effet quelques coups de fusil des postes intermédiaires.

Avant l'arrivée à Ucciani, les compagnons de Cinarca avaient dû abandonner leurs montures, pour lesquelles les sentiers des makis étaient absolument impraticables. La Muca seule y passait, et Giocante put rester en selle.

En approchant d'Ucciani, où était le premier grand poste, Quastana se mit en vue, à une grande distance, et reçut une décharge générale; il profita du court instant nécessaire aux chasseurs pour recharger leurs fusils, et il franchit la Gravone.

Il se dirigea, toujours en ligne droite, sur Tolla.

Là, le terrain est plus découvert, plus uni. Il envoyait en avant la Quastanetta, qui, par un hurlement, l'avertissait de la présence de l'ennemi. Il l'évitait, sans passer toutefois assez loin pour qu'on n'eût pas l'idée de le tirer. Il cherchait à provoquer autant de coups de feu qu'il le pouvait. Cette fusillade, en s'allumant sur toute la ligne des postes secondaires, lui révélait la situation des principaux.

Il était sans inquiétude pour le passage de Tolla, car ce village, qui est situé sur le Prunelli même, est tellement encaissé que l'embuscade qui devait s'y trouver ne pourrait l'apercevoir d'aucun côté. Il remonta donc la rivière d'une centaine de mètres et passa sur la rive gauche sans être salué d'un seul coup de fusil.

Mais entre Tolla et Zicavo la situation devenait périlleuse.

D'un côté, Giocante et ses 15 hommes avaient, d'Ucciani à Tolla, regagné sur lui l'avance qu'il avait prise au départ; de l'autre, de Tolla à Zicavo, la disposition du sol ne lui permettait plus de déterminer avec certitude comment les postes étaient distribués.

En effet, Scrignone, supposant que si le bandit arrivait au delà du Prunelli, c'est qu'il aurait deviné la situation des postes alignés du nord au sud, avait rompu cet ordre entre Tolla et Zicavo, et les avait éparpillés en ne tenant compte que des ressources particulières que le terrain offrait pour l'assiette de chacun d'eux.

Quastana avait donc derrière lui le danger de

Giocante, qui arrivait; devant lui, le danger d'embuscades inconnues.

Il s'arrêta et sembla hésiter un moment. Il envoya la Quastanetta sur sa gauche, elle hurla; il l'envoya sur sa droite, elle hurla encore; il l'envoya enfin en avant, elle hurla pour la troisième fois.

Il allait être entouré de feux. Il se dit, sans doute, qu'avancer c'était se faire tuer, sans possibilité de se défendre et de se venger, puisque l'ennemi était invisible. Il se retourna. Une inspiration lui était venue. Il fondit sur le groupe de Giocante en criant d'une voix épouvantable : « La Muca ! la Muca ! Mort à la Muca ! » Il était monstrueux, faisait des bonds énormes en zigzag pour éviter les coups de fusil qui lui arrivaient. Giocante, ne pouvant pas tirer à cause de ses blessures, s'élança vers lui pour encourager ses compagnons. Mais Scrignone, qui aurait laissé vivre tous les bandits du monde plutôt que de voir périr sa mule adorée, prit sa course dans la direction de Tolla, en sifflant entre ses doigts.

A ce son strident, la Muca tourne bride, et, malgré tous les efforts de Giocante, l'emporte sur les traces de son maître.

Les hommes de Cinarca, ne comprenant pas la cause de cette fuite apparente, se troublent; ils ont déchargé leurs armes; Quastana fait feu à son tour et abat deux d'entre eux; il s'élance lui-même contre leurs rangs, se faisant de sa propre masse un gigantesque projectile, les renverse, passe outre, et, toujours bondissant, se perd dans des broussailles où il se dérobe ; de là, décrivant un vaste arc de cercle, il va contourner les postes placés entre lui et Zicavo et passe sans encombre le Tavero.

Il ne lui restait plus qu'à affronter ou à esquiver le dernier grand poste, celui de Sorbollano et à franchir le Tavario.

La route de Corte à Sartène traverse deux fois cette rivière à fort peu de distance ; route et rivière sont sinueuses en cet endroit, garnies de précipices et d'épais makis, qui en rendaient es abords extrêmement périlleux pour Quastana.

Il s'en approcha avec précaution ; rien ne le pressait ; il avait quelque répit, il regarda et écouta.

Il ne lui fallut ni beaucoup d'attention ni beaucoup de patience pour apprendre ce qu'il voulait savoir. Les hommes du poste de Sorbollano et ceux des postes intermédiaires voisins, qui n'avaient pas entendu les fusillades d'Ucciani, de Tolla et de Zicavo, supposant que la bête ou n'avait pas été lancée, ou avait été mise bas au départ, car il était déjà trois heures de l'après-midi, peut-être aussi se laissant aller au plaisir de jouer au soldat, poussaient des cris d'éveil de l'un à l'autre, comme s'ils avaient voulu dire à Quastana : Prenez bien garde que nous sommes là.

Le bandit pensait que, las de correspondre ainsi par des appels, quelques postes finiraient par se déplacer pour aller rejoindre les plus prochains, et qu'il lui serait loisible alors de se glisser dans l'espace resté libre. Il s'approchait en rampant pour profiter de l'occasion. Sa manœuvre dura près de deux heures; les cris continuaient, mais il ne se produisait aucun déplacement. Quoiqu'il vît clairement dans le jeu de son adversaire, la partie n'avançait pas.

Bientôt, il crut entendre derrière lui un bruit éloigné encore et indistinct. Il colla son oreille contre terre. Il n'eut pas de doutes. Tous les postes qu'il avait franchis marchaient sur lui après s'être ralliés, et leur ensemble, composé d'environ cinquante-cinq hommes, formait une ligne circulaire qui se concentrait sur le passage de Sorbollano. Il allait donc encore, pour la seconde fois, se trouver entre des postes fixes, qui le fusilleraient comme des chasseurs à l'affût, et un groupe de tireurs qui allait l'assaillir à revers.

Toutefois, les conditions à Sorbollano n'étaient pas les mêmes que quelques heures auparavant à Zicavo.

A Zicavo, il ignorait la situation des postes qu'il avait devant lui, et maintenant il la connaissait; alors il n'avait en queue que la troupe de Giocante, une quinzaine d'hommes, et actuellement le nombre de ceux qui le poursuivaient devait être triple ou quadruple même.

Si donc, dans la première rencontre, il s'était retourné, il devait, dans cette seconde, percer devant lui.

C'était le parti le moins périlleux, mais il l'était encore éminemment; aucun des postes de Sorbollano ne s'étant dégarni, comme i' l'espérait.

A ce moment, quelques coups de fusil, suivis de plusieurs autres, puis d'une véritable décharge, retentirent au loin. C'était la troupe de Giocante qui annonçait son approche aux hommes de Sorbollano. Ceux-ci crurent qu'elle était aux prises avec le bandit.

Quastana attendit. Il entrevoyait un moyen de salut.

Les coups de fusil continuaient, intermittents, et se rapprochaient.

Quand il les jugea assez rapprochés pour pouvoir y mêler les siens, il s'avança sous bois vers le poste principal, sur lequel, à raison de la disposition des lieux, il avait jeté son dévolu.

De deux coups, qui n'en firent pour ainsi dire qu'un, il tua deux des hommes qui l'occupaient; quelques secondes après, deux nouveaux coups en tuaient deux autres.

Le cinquième et dernier de ces hommes s'enfuit en poussant des cris d'alarme. Les deux postes intermédiaires de droite et de gauche accouraient à sa voix, quand Quastana avait déjà passé. On le tira, mais hors de portée, aux deux passages du Tavario; il disparut dans les makis rocheux qui hérissent les bords de cette rivière.

Il n'eut qu'à traverser ensuite un territoire, libre de tous dangers, d'environ sept kilomètres, qui le séparait encore du Coccione, et le soir il entrait dans ce refuge. Sa grotte habituelle, qui offrait diverses issues, espacées à de grandes distances dans les anfractuosités de la montagne, lui donna asile. Il y trouvait toujours quelques provisions grossières et une botte de foin.

La troupe de Giocante vint camper entre Sorbollano et le Coccione, à l'endroit où se trouve le petit village de Zonza.

Cette nuit du 21 au 22 juillet dut être consacrée au repos, et tous s'y livrèrent, à l'exception de Cinarca et de Scrignone, qui devaient avoir une explication ensemble.

— Sais-tu bien que, si j'avais eu la main libre, je te brûlais la cervelle?

— Vous auriez été injuste. Quastana n'est-il pas passé sous les feux des postes tels que je les avais fait disposer?

— Ce n'est pas cela.

— Nous le forcerons dans le Coccione.

— Ce n'est pas cela.

— S'il s'échappe du Coccione, tout sera préparé pour le détruire quand il courra à la mer.

— Ce n'est pas cela.

— Quoi donc, seigneur Giocante?

— Tu le sais.

— Non, par le Bambino.

— Comment! malheureux, ne m'as-tu pas fait tourner le dos dans le combat? Que dira la Corse?

— La Corse? Elle dira peut-être que Scrignone est plus sage que le seigneur Giocante.

— Ce n'est pas cela.

— Elle dira peut-être aussi que Scrignone, qui aime bien le seigneur Giocante, aime encore mieux la Muca.

— Ce n'est pas cela.

— Que dira-t-elle donc?

— Elle dira que j'ai fui!

— C'est ce qui vous tourmente?

— Oui.

— Eh bien, allez vous coucher tranquillement comme les autres. Elle ne dira pas cela

— Pourquoi?

— Allons, seigneur, quelqu'un dira-t-il jamais que Scrignone a maltraité la Muca?

— Non.

— Pourquoi?

— Parce qu'on sait bien que tu ne le feras pas.

— C'est pourquoi aussi, seigneur Giocante, personne ne dira que vous avez fui.

— Tu crois?

— Je ne vous ai jamais ni menti ni trompé. Et puis tous vos compagnons m'ont vu et entendu : j'ai sifflé, j'ai couru, la Muca m'a suivi. Le diable ne la retiendrait pas, quand je l'appelle.

Giocante était trop vieil ami du Luquois pour se fâcher avec lui.

Il avait dans le caractère quelque chose d'enfantin et de crédule, comme tous les gens réellement bons; il ne cherchait qu'à être consolé et rassuré sur sa gloire.

Quastana lui avait échappé : il en était vexé

comme homme, humilié comme héros, affligé comme patriote.

Il s'inquiétait aussi du résultat des expéditions dont les autres chefs de la prise d'armes avaient été chargés.

Il s'en considérait à bon droit comme responsable.

Avec cette spontanéité qui le caractérisait, changeant la conversation :

— Mon Scrignone, je me tourmente. Voilà quatre jours que les opérations ont commencé. Je suis sans nouvelles...

— Dans ces quatre jours, vous avez détruit toute la bande des Scarbuccia...

— Mais les autres compagnons, qu'ont-ils fait?

— La vengeance que vous avez tirée des profanateurs de la Virgo aura facilité leur tâche.

— Je voudrais en être sûr. Tu sais qu'à mesure qu'ils auront fini, ils doivent se rassembler à Bocognano...

— Seigneur Giocante, la Muca a fait bien de la route aujourd'hui et par des endroits bien difficiles, dit le Luquois, qui devina très vite ce que Cinarca voulait. Mais il était touché de l'anxiété du vieillard et plus encore de cette timidité qu'il mettait à exprimer son désir ; —cependant, pour vous, j'irai à Bocognano.

Cinarca lui tendit la main.

— Plus tu trouveras là de nos amis, plus grands auront été nos succès. Ne penses-tu pas que je

ferai bien de les appeler à moi? Quastana sera
dur à mettre aux abois.

— C'est bien dit, et mieux par vous que par
moi. Je les ramènerai, s'il y en a.

— Quand penses-tu être de retour?

— Il est sur les onze heures. Je puis être ici
demain à quatre heures du soir. Les hommes
pourront y arriver de dix heures à minuit.

— C'est cela, et après-demain nous serons en
force pour investir le Coccione. En route donc, et
encore une poignée de main.

Scrignone alla trouver la Muca, qu'il avait
établie sur une bonne litière, et, en la pansant, il
se mit à lui causer selon son habitude.

— Il ne faut pas m'en vouloir, Muca... C'est le
vieux Giocante qui nous envoie à Bocognano...
Je dois lui obéir... Tu sais qu'il est le bienfaiteur
de la famille... C'est lui qui nous avait avancé
6,000 francs pour acheter les premières mules...
qui nous a fait avoir l'auberge d'Aïtone... Qui
nous a empêchés, par son ami le consul, d'être
renvoyés de la Corse... Tu l'aimes comme nous
l'aimons tous, puisque tu es de la maison... Ma
femme est comme ta mère, mes enfants sont
comme tes frères et tes sœurs... Allons! voilà la
bride mise... Et maintenant la selle.. Non, je ne
mettrai que le tapis, ce sera plus doux... Car il
faut que tu me portes aujourd'hui... Ma bonne
Muca, nous sommes pressés... Et puis, je n'ai
pas tes jambes... J'ai fait une bonne course, depuis trois heures ce matin, jusqu'à huit heures ce

soir... Prends encore ce petit sac, là, sur ton dos ;
c'est de l'avoine et du pain... Nous passerons au
jour à la source de Fontanone et nous ferons une
petite halte... Es-tu prête, Muca, tu n'oublies
rien?... Allons !

En quittant Zonza, ils eurent à traverser quelques kilomètres de sentiers rocailleux ; Scrignone
allait devant, la mule suivait, la bride sur le col.
Ils eurent bientôt gagné la route de Sartène à
Bastia, qui, en comparaison des chemins qu'ils
avaient parcourus toute la journée, leur était une
allée de jardin.

Aussi la Muca vint-elle heurter de la tête
l'épaule de son maître, comme pour l'avertir qu'il
était temps de monter. Quand elle l'eut sur le
dos, la bonne bête prit son pas ordinaire, qui
était un amble rapide de seize kilomètres à
l'heure, et si doux, que ce balancement n'aurait
eu que le défaut d'endormir le cavalier.

Elle paraissait aussi fraîche et reposée que si
elle eût fait sa nuitée entière. Quand Scrignone
lui parlait, pour marquer son approbation ou
pour répondre à une pression amicale de ses genoux, elle faisait quelques petits bonds précipités
comme un faon qui folâtre ; d'autres fois, elle
prenait de grandes allures et filait avec la recti-
tude et la rapidité d'une flèche, allongeant alors
la tête parallèlement à la route. Sa noire sil-
houette, légère comme elle, mais moins gra-
cieuse, courait, flottant sur les bruyères.

Elle était grande et forte, la Muca, haute surtout sur ses jambes, âgée de quatre à cinq ans, et, comme je l'ai déjà dit, de couleur souris.

C'est à cause de cette couleur que Scrignone l'avait achetée, quand elle n'avait encore que quelques semaines, d'un berger du Niolo, qui traversait la forêt d'Aïtone. Il la donna comme amusement à ses enfants. Mais, dans cette forêt, les pins géants stérilisent la terre à leurs pieds, et les charretiers, qui y viennent prendre les planches et les arbres équarris, doivent apporter leurs fourrages avec eux. La Muca, élevée dans la famille du Luquois, fut à peu près nourrie et traitée comme un petit chien. L'espace, du moins, ne manquait pas pour la loger.

La demeure de Scrignone consistait en une immense cuisine et en un hangar plus vaste encore, que traversait dans sa longueur la table des pensionnaires, entourée de bancs.

La jeune mule s'en allait, aux deux repas du jour, faire, d'un convive à l'autre, sa cueillette de débris de pain. Elle y ajoutait l'ordinaire de la maison, des légumes, de la viande de chevreau, des châtaignes, quelques graines. De l'herbe, du foin, de la paille, c'était pour elle un *extra* fort rare. A mesure qu'elle grandissait, elle se mit à porter ses jeunes maîtres, à commencer par les plus petits et progressivement.

Elle jouait avec eux, partageait leur nourriture et leur lit même. Car, faute de litière, sa couche, comme la leur, se composait de vieilles couvertures, sauf qu'ils se mettaient dessous et elle dessus. Elle était leur camarade. Dans cette familiarité de tous les instants, son éducation poussa ses instincts jusqu'à l'intelligence : elle apprit à voir en regardant, à entendre en écoutant, à imiter, à réfléchir, à comprendre. Elle était fort adroite dans ses jeux avec les enfants, et il ne lui arriva jamais de leur faire aucun mal. Quand elle eut deux ans, Scrignone commença à la mener dans ses excursions, et elle fit encore de notables progrès, car les voyages forment l'esprit des jeunes mules aussi. Elle émerveillait tout le monde par sa gentillesse, et, aux courses do Corte au mois d'août 1853, elle avait, haut le pied, gagné le prix. C'était la première fois que son maître la montait. Il avait empoché les 300 fr. de sa victoire et rentrait chez lui glorieux.

Sur la route qui longe la rive droite du Tavignano, il fut attaqué à l'improviste par trois bandits, qui inauguraient précisément cette série do spoliations et de meurtres dont nous avons raconté la fin. En ce moment, il marchait, selon sa coutume, devant la Muca. Il fut terrassé et couché à plat sur la route. Deux des agresseurs le foulaient de leurs genoux et le troisième s'apprêtait à le percer de son stylet. Au moment où il se baissait pour le frapper, le derrière de son cou se découvrit. La Muca, comme un chien qui donne un coup de dent rapide, le saisit à la nuque, lui fit cotir l'épine dorsale à l'endroit même où M. Flourens a placé le nœud vital, et ce malintentionné s'affaissa comme un sac vide.

L'un de ses compagnons, en le voyant choir ainsi, se redresse et le regarde ; une ruade en pleine poitrine l'envoie, en pirouettant, tomber au fond du ravin ; le troisième s'y glisse subtilement et se sauve. Scrignone se relève à son tour. Il lui fallut un moment pour se rendre compte de la situation. La Muca balançait la tête comme pour lui dire : « Mais oui, c'est moi. » Il lui saute au cou et la tient longtemps embrassée en pleurant. Puis, car un bon sentiment n'en excluait pas un autre chez lui, il pensa à sa famille, et ce fut pour elle qu'il fit proprement un paquet des habits du bandit étendu sur la route, depuis les souliers jusqu'à son bonnet de laine, mit le tout en croupe derrière lui, et, quand il arriva à Aïtone, il avait un beau récit à faire.

Cette histoire fit sensation. Scrignone alla la raconter à Giocante di Cinarca et termina par ces mots :

— Seigneur Giocante, vous nous avez fait beaucoup de bien. La Muca est capable de vous être utile à l'occasion. Je ne puis vous la donner, à cause de la femme et des enfants. Mais quand vous en aurez besoin, prévenez-moi, elle sera à votre service. Jamais nul que vous et ceux de ma famille ne la montera. Non, quand un Anglais me donnerait tout l'or qui pourrait tenir là (et il tendait sa main ouverte), non, je ne la vendrai ni ne la louerai même.

On se mit à dire en Corse que la Muca « avait un esprit, » expression assez vague pour que chacun pût y attacher le sens qui lui convenait, ce qui la fit répéter par tout le monde.

Aussi quand le Luquois arriva à Bocognano vers trois heures du matin, il n'eut pas de peine à réunir son monde. Il lui suffit de se tenir près de sa bête qui attirait la foule.

Il fit sa commission aux chefs.

Sur les onze, il y en avait neuf présents, et les deux autres avaient annoncé qu'ils allaient arriver, ayant achevé dans leurs pièves au moins le gros de leur besogne.

De compte fait, du 18 au 21 juillet, trente-sept bandits mal intentionnés étaient restés sur le carreau, sans compter dans ce nombre les blessés fugitifs.

Ces bandits, presque toujours surpris par des forces supérieures, grâce aux dénonciations des populations révoltées, grâce surtout aux renseignements fournis par les curés et les bergers, qui avaient été, dans les derniers mois, l'objet particulier de leurs spoliations, ces bandits avaient opposé peu de résistance.

D'ailleurs, ce n'étaient là que les moindres malfaiteurs, se livrant pour leur compte personnel à des déprédations isolées, en dehors des deux grandes bandes des Agriates et de Pentica.

Leur destruction n'avait coûté aux chefs que trois morts et neuf blessés.

D'après les instructions que leur transmettait Giocante di Cinarca, ils partirent pour Zonza vers dix heures du matin et arrivèrent à son campement dans la soirée. Sachant qu'ils allaient opérer dans des montagnes inaccessibles aux chevaux, ils laissèrent leurs montures à Bocognano ou dans les villages qu'ils traversaient.

Scrignone les avait précédés de quelques heures, et Giocante, informé par lui du nombre d'hommes dont il pouvait disposer, avait pris immédiatement ses dispositions.

Cette concentration mettait sous sa main 325 fusils, savoir : 245 amenés par les onze chefs et 80 restant de ceux qui avaient opéré contre Quastana.

Il voulait brusquer l'attaque de ce bandit dans le Coccione, par les raisons suivantes :

1° Empêcher que les bergers de ces montagnes, les redoutables chasseurs de mouflons, dont Quastana avait été longtemps le compagnon, ne pussent être organisés par lui pour sa défense;

2° Prévenir le mauvais effet que la lenteur des mouvements commencés contre le banditisme n'eût pas manqué de produire, en faisant douter du résultat définitif;

3° Obvier, par la rapidité de sa marche, au manque de subsistances qui ne tarderait pas à se faire sentir dans une région dépourvue de ressources;

4° Maintenir les cadres de sa petite armée, que l'inaction et les privations n'eussent pas tardé à dissoudre.

Dès la nuit même du 23 juillet, après quelques heures de repos accordées a ses compagnons, il en envoya vingt-cinq garder le port de Propriano, autant à Porto-Vecchio, autant à Bonifacio, autant au cap Pertuisato, de façon que le bandit, débusqué des montagnes, ne pût ni s'embarquer ni se jeter à la mer.

Il lui restait 225 hommes.

Le 24, avant le jour, il se met à leur tête, et aux premières lueurs, formés par petits groupes de trois, ils investissent le Coccione et s'avancent sur une seule ligne pour le balayer dans sa longueur. A neuf heures du matin, exténués d'une marche horriblement pénible et périlleuse sur les deux versants de la chaîne, ayant perdu trois des leurs tombés dans les précipices, ils durent s'arrêter.

Mais Quastana les avait constamment observés, en suivant les crêtes' et franchissant d'un pic à l'autre. Quand il les vit se réunir et prendre des dispositions pour une halte, il se montra de loin au haut d'un rocher et leur tira ses deux coups de fusil par bravade. Cette manifestation eut l'effet qu'il en attendait : ils se jetèrent avec ardeur à sa poursuite. Lui, se tenant toujours à distance, déchargeait sur eux son arme, quand il voyait leur course se ralentir; il recommença quatre fois ce manège, et, à une heure de l'aprèsmidi, la troupe, brisée de fatigue et dévorée de soif, s'arrêta définitivement, impuissante désormais à répondre à ses provocations. Il se rapprocha alors à travers les rochers, et, à grande portée, lui envoya deux nouveaux coups de fusil.

Deux hommes furent atteints. Giocante, furieux, se sépara des siens et s'avança vers le bandit. Il allait infailliblement être tué. Plusieurs de ses fils, qui ne cessaient de veiller sur lui, le prirent à bras le corps et l'emportèrent. Force leur fut à tous, sous peine de la vie, de se cacher derrière les blocs de rocher.

Après quelques heures, refaits par un peu de nourriture, rafraîchis par une source qu'ils avaient découverte, ils se remirent sur les traces du bandit. Leur ardeur, à laquelle l'humiliation avait part, était extrême. Ils juraient de s'emparer de lui. Ils ne l'apercevaient plus; mais ils reçurent les balles de plusieurs bergers, campés sur les hauteurs. Ils s'élancèrent contre eux, et, vers sept heures du soir, ils parvinrent à en cerner trois.

Giocante les interrogea pour savoir ce qu'était devenu Quastana, en les avertissant que tout mensonge ou réticence de leur part serait leur condamnation à mort.

Après cet avertissement, il en garda un et fit conduire les deux autres hors de la portée de sa voix.

Le premier interpellé répondit qu'il n'avait rien vu ni rien fait.

Il fut passé par les armes.

Le second, redoutant le même sort, déclara que Quastana avait, dès la pointe du jour, envoyé plusieurs de ses affidés s'assurer si les trois ports et le cap étaient gardés; qu'à cinq heures

de l'après-midi, il avait reçu une réponse affir-
mative, et qu'il était parti immédiatement, sans
faire connaître la direction qu'il allait prendre,
mais en donnant aux bergers, ses anciens compagnons, l'ordre de tirer sur la bande du seigneur de Cinarca, sans doute pour l'occuper.

— Etais-tu un de ceux qu'il avait envoyés visi-
ter les ports et le cap ?

Le prisonnier se troubla.

— Ton camarade que voilà là-bas nous le dira
et, si tu mens, tu sais ce qui t'attend.

— Eh bien, oui, j'en étais.

— Alors, il a dû te confier ses projets quand
tu lui as appris que la mer était gardée à Propriano, à Porto-Vecchio, à Bonifacio, à Pertuisato?

— Non, il ne me l'a pas dit.

Giocante s'arrêta.

Scrignone intervint.

— Demandez-lui donc ceci : Quand Quastana l'a
envoyé au rivage, ne l'a-t-il pas chargé de bien
s'assurer, au cas où les ports et le cap seraient
gardés, s'il y avait sur la côte des pêcheurs de
corail ?

— Tu entends la question?

Le berger hésita encore.

— Eh bien?

— Il est vrai qu'il m'a donné cette commission.

— L'as-tu remplie?

— Oui.

— Y avait-il des bateaux?

— Un.

— Où?

— Dans la crique de Bosmarino, au sud de Porto-Vecchio.

— Pas d'autre?

— Non.

— L'as-tu dit à Quastana?

— Oui.

— Et tu ne sais pas qu'il est allé enlever la barque à Bosmarino pour passer en Sardaigne?

— Il ne me l'a pas dit.

— Ce n'était pas nécessaire. Qu'on le fusille, vous autres.

Ce qui fut fait.

— Au troisième.

Celui-ci, qui devinait la cause des malheurs arrivés aux deux premiers, car les bergers du Coccione sont durs comme les loups et fins comme les renards, répéta exactement ce qu'avait déclaré le précédent, sauf qu'il ajouta, sans interpellation, qu'il ne doutait pas que Quastana se fût dirigé vers Bosmarino, pour enlever la barque.

On le relaxa.

Il ne valait pas mieux que les autres, mais on pouvait du moins le louer d'avoir profité des leçons reçues par eux, ce qui est encore un mérite, car on ne profite d'ordinaire que des leçons qu'on reçoit soi-même.

Cet acte de clémence de Giocante di Cinarca fut d'autant plus magnanime qu'il était dans un état de fureur impossible à décrire. Il comprenait qu'il était trop tard pour tenter de couper le chemin à Quastana ou le gagner de vitesse; que si son coup de main avait réussi, il était déjà en pleine mer; que, dans le cas contraire, il aurait regagné l'intérieur de l'île, où il faudrait du temps pour le découvrir.

A peine si la colère et la douleur lui laissaient assez de sang-froid pour faire ce raisonnement.

— Encore, disait-il avec désespoir, si j'avais eu la Muca! Peut-être aurais-je pu atteindre Bosmarino avant lui, et alors il aurait eu ma vie où j'aurais eu la sienne!...

Scrignone bénissait Dieu en son cœur d'avoir laissé sa bonne mule à Zonza. Mais il était dit que le Luquois serait le consolateur perpétuel du seigneur de Cinarca.

— Ecoutez, dit-il, qu'est-ce que j'entends?

Il mit son doigt dans sa bouche, puis leva la main en l'air.

— Oui, par le Bambino, le vent du sud-est s'est levé, et bonne brise encore. Vous sentez? Evviva! seigneur Giocante, le Quastana est en mer; oui, oui, tenez pour sûr qu'il y est; mais, soit qu'il aille à la godille, à la nage de rame ou à la voile, il n'attrappera pas la Sardaigne; il a beau être pratique, le scélérat, il sera drossé dans les Bouches. Et savez-vous où il va maintenant? Il ne peut atterrir en Corse, puisque les ports et le Pertuisato sont gardés; il ne peut monter dans le vent jusqu'à la Maddalena; il ne peut enfiler le détroit, pour aller au diable ; il va à Lavezzi, oui, aux îles Lavezzi ; à moins cependant qu'il n'aborde au Cavallo ; au Cavallo ? Non, il n'aurait pas où se cacher sur cet îlot ; il est maître de choisir, mais, n'en doutez pas, c'est Lavezzi qu'il choisira. Evviva ! A Bonifacio donc, seigneur Giocante, à Bonifacio, sans perdre une minute ; là, vous prenez une bonne chaloupe pontée avez trente d'entre nous, et vous allez le cueillir demain matin, à la première heure.

— Evviva, Scrignone ! criaient-ils tous.

Le lendemain, en effet, qui était le mercredi 25 juillet, la chaloupe de Giocante aborda par l'ouest l'île plate de Lavezzi, il la traversa, et sur le rivage nord il trouva une barque napolitaine, armée pour la pêche du corail. Quastana, évidemment, n'était pas loin. Il avait dû les voir venir. Il ne s'agissait que de le trouver dans la ceinture de rochers qui garnissait les côtes. Il y avait là bien des cachettes ; mais ce n'était qu'une affaire de patience. Cinq des compagnons de Cinarca montèrent dans la barque, la sortirent de l'anse où elle était à l'ancre et la conduisirent près de leur chaloupe. Puis ils vinrent rejoindre les autres pour se réunir à eux dans les fouilles qui commençaient.

Ces trente hommes que le vieux patriote avait amenés éaient les plus résolus et les plus adroits de sa troupe. Ils s'avançaient en rangs serrés, le fusil à l'épaule. Chacun d'eux portait sur le dos

un paquet de huit à dix fascines de bruyère en-
duites de goudron. À l'entrée de chaque grotte
suspecte de récel, on en jetait quelques-unes en-
flammées. Au besoin, on y ajoutait des poignées
d'herbes sèches et de varechs humides d'où sortait une âcre fumée.

Cette opération était en voie d'exécution, quand
ils sentirent les premiers souffles du *libeccio*, qui
s'élevait. Ces bouffées d'air eurent d'abord l'intermittence haletante d'une quinte d'asthme, s'ac-
célérèrent bien vite, et en quelques instants furent un déchaînement continu. Ce vent est celui
qui se forme dans la vallée du Rhône, sous le
nom de mistral, descend dans le sens du nord au
midi sur Marseille, s'élance dans la Méditerranée,
où il change subitement de direction, court de
l'ouest à l'est, balayant les îles Baléares, la Sardaigne, la Corse, l'Italie, la Grèce, la Turquie, et
va expirer dans la mer Noire et la mer Caspienne.

Sa violence est parfois égale à celle des oura-
gans entre les tropiques. Le 25 juillet 1854, elle
la dépassa peut-être. En un moment l'île Lavezzi
fut couverte de l'écume blanche des lames qui
déferlaient et la balayaient dans toute son éten-
due, comme le pont d'un navire en perdition. Le
vent roulait les hommes mal affermis ; cette pluie
salée les aveuglait. Ils entendirent un craque-
ment à l'endroit où la chaloupe et la barque étaient
ancrées. Ils accoururent. Elles étaient en pièces.

A ce moment, dans l'ouest, à une petite distance,
une immense clameur humaine se mêla aux rugis-

sements de la tempête. Ils entrevirent une masse gigantesque, noirâtre, qui s'avançait en tourbillonnant, tantôt au sommet des vagues, tantôt précipitée dans leurs abîmes.

C'était la frégate la *Sémillante* qui, son gouvernail brisé, ne manœuvrait plus, et, comme une épave, était battue par la tourmente ; ses voiles étaient en lambeaux, les hauts mâts et le beaupré brisés ; son équipage affolé, voyant le péril, ne pouvant rien pour le conjurer, grimpait aux cordages ou, monté sur les plats-bords, épiait le moment de s'élancer dans les flots, pour éviter d'être broyé par le choc de l'abordage.

Le courroux de la Providence voulut qu'au moment où la frégate allait toucher le rivage, au lieu d'attérir par la proue, elle talonna par la poupe ; alors, soulevée par une lame creuse, elle se cabra comme un cheval qui tombe sur le dos et se renversa la quille en l'air.

La chose inouïe peut-être dans les fastes des naufrages, ce n'est pas que, sur les 984 hommes, marins ou soldats qui la montaient, pas un seul ne se sauva, mais que tous périrent, en touchant terre, plutôt étouffés que noyés, dans la compression formidable de leur navire retombant sur eux.

Giocante di Cinarca et ses compagnons regardaient, terrifiés, ce spectacle. Ils entraient dans les flots, au péril de leur vie, pour tenter d'être secourables. Leur courage était inutile, il n'y avait personne à sauver ; il était impuissant, on ne peut rien contre de tels éléments.

La mer était si furieuse et démontée que les débris de la *Sémillante*, hachés en morceaux, étaient, en quelques instants, emportés à d'énormes distances, et que des canons même, attachés aux fragments de la carène, furent retrouvés à plusieurs kilomètres du lieu de ce sinistre.

L'horreur d'un tel désastre, encadré dans de telles convulsions de la nature, avait détourné, pour un moment, l'esprit de Giocante de sa préoccupation constante.

Mais Quastana n'était pas susceptible d'une distraction en faveur de l'humanité.

Entre deux blocs de rochers, sa tête hideuse avait apparu.

Il venait de voir la mort s'approcher de lui, et les mouvements de sa chienne l'avaient averti que ses ennemis s'avançaient. Il était résolu à vendre chèrement sa vie. Il avait vu une flamme briller à l'entrée de son repaire, puis une fumée suffocante et aveuglante l'avait enveloppé. Il allait s'élancer; la Quastanetta posa sa tête sur ses genoux; il s'arrêta; le bruit des voix et des pas s'éloignait; sans comprendre encore, il espéra; c'est alors qu'il regarda par-dess  la roche; la tourmente lui fouetta le visage  .ns lui faire baisser la paupière; son oreille se tendit; il restait comme pétrifié; enfin, il avait entendu, il avait vu.

Il traversa l'île, moitié rampant, moitié nageant, et arriva sur le rivage occidental, à quelque cent mètres du lieu où la *Sémillante* s'était effondrée; il trouva là un des panneaux du navire,

large pièce de bois, mince et forte, qui sert à fermer
la cale ; il la plaça sur son dos, et se disposa à traverser l'île une seconde fois, afin que, replacé
sur la rive de l'Est, le vent du libeccio le poussât
au large ; mais, quand il se redressa pour charger
son fardeau, il fut aperçu par ses ennemis, qui
fondirent sur lui ; il prit alors sa course, au milieu
des coups de fusil qu'ils lui tiraient, couvert de
cette lourde et noire carapace, sur laquelle rico-
chaient les balles ; et, dans cette fuite, composée
de bonds et de trébuchements, son effrayante
claudication lui donnait les allures étranges d'un
énorme coléoptère blessé.

Cependant, il atteignit la mer, y jeta son ra-
deau, sur lequel il se coucha, et, grâce au vent
furieux qui l'emportait, grâce au tangage qui le
garantissait, il arriva sain et sauf hors de la portée des projectiles ; alors il se releva ; la Quastanetta, qui avait compris le danger et qui comprenait le salut, se mit debout aussi, en poussant un
long hurlement ; il la serrait d'un bras contre sa
poitrine, de l'autre, il tendait, d'un geste menaçant, vers Giocante di Cinarca, son fusil, qu'il tenait par le milieu ; et, dans cette attitude, on eût
dit le groupe de deux monstres marins flottant sur
une épave, comme l'emblème de la tempête et de
la vengeance.

Quastana, après 27 heures de mer, fut jeté sur
les côtes d'Italie, au petit port de San-Severo,
entre Civitta et les bouches du Tibre. Il se rendit
à Livourne.

Giocante et les siens durent passer la nuit sur l'île.

Le lendemain, 26, dans la matinée, le libeccio tomba subitement comme il s'était élevé. Ce vent, que les Provençaux appellent dans leur patois mistravï, la hache, parce qu'il brise et renverse tout, à ces brusques allures, qui le rendent si dangereux aux navires dans le voisinage des côtes ou des îles; et, dans la mer tyrrhénienne, on n'en est jamais loin.

Les autorités de Bonifaccio, juge de paix, douanes, gendarmerie, arrivèrent à Lavezzi, avertis par des pêcheurs qu'un sinistre maritime avait dû s'y produire.

A mesure que les flots s'apaisaient, on découvrait, au fond, dans les petites baies de sable, les corps blancs des naufragés. Tous étaient dépouillés de leurs vêtements, excepté le commandant Jugan, hermétiquement boutonné dans son uniforme, et l'aumônier, qui avait encore ses longs bas noirs. Cette circonstance étrange de tous les hommes complètement nus, était la preuve que la *Sémillante*, démontée de son gouvernail, ne manœuvrait plus, et que l'équipage, voyant moutonner devant lui l'île Lavezzi, que la frégate ne pouvait doubler ni au nord ni au sud, s'était déshabillé, à l'exemple les uns des autres, pour tenter de se sauver à la nage, quand le navire aborderait les brisants.

La *Sémillante*, quand elle fut assaillie par le libeccio, entrait dans les bouches de Bonifacio et faisait voile vers la Turquie. Elle avait pris, l'avant-veille, à Toulon, un bataillon de 400 soldats de marine, qu'elle transportait à Constantinople, car les premières opérations de la campagne de Crimée commençaient. Ces militaires, singulière fatalité, avaient été rapatriés la semaine précédente à Toulon, après un premier naufrage. Dans quelles vues la Providence devait-elle, en quelques jours, les ravir à la fureur des flots pour les précipiter encore dans leurs abîmes ?...

Deux tombes s'élèvent sur l'écueil de Lavezzi : l'une réservée au capitaine Jugan; l'autre, commune au reste des victimes. Leurs noms ont été gravés sur des plaques de marbre; mais l'impitoyable libeccio les poursuit jusque dans la mort, et les sels corrosifs qu'il emporte dans l'écume de la mer effacent chaque jour ces inscriptions bientôt illisibles.

Les honneurs funèbres furent rendus aux naufragés dans les journées des 26 et 27.

Giocante et ses compagnons s'y employèrent avec un zèle pieux.

Le 27 au soir, ils rentrèrent à Bonifacio. Ils y trouvèrent leur petite armée, qui s'était ralliée là, du Coccione et des quatre postes où elle avait envoyé des détachemements de 25 hommes.

Après une conférence de quelques instants entre les chefs, il fut arrêté qu'on marcherait immédiatement sur la bande des frères Colonna, qui occupait la Balagne, car on n'avait pas encore toutes les indications nécessaires pour attaquer les Ballacocce à Pentica.

Le lendemain au matin ils se mirent en route, descendant cette rampe superbe qui conduit de Bonifaccio au rivage, et que Charles-Quint avait remontée 318 ans auparavant, jour pour jour, le 28 juillet 1536, lorsque, durant le siège de Marseille, il obtint de ses amis les Génois, alors en possession de la Corse, la faculté de traverser cette île pour se rendre dans ses états héréditaires d'Espagne.

Le sieur Giocante, quoiqu'il fût marri d'avoir manqué Quastana, avait assurément, monté sur la Muca, aussi haute mine qu'eut oncques le vainqueur de Pavie.

M le juge de paix, qui ne manquait pas d'érudition locale, raconta à ce sujet une anecdote dont Scrignone s'indigna fort.

On avait, dit le magistrat cantonal, amené à l'Empereur Charles le plus beau cheval de la Corse, et quand cette noble bête l'eut porté jusque-là où est cette borne, un écuyer vint, qui, d'un coup de pistolet dans l'oreille, l'abattit, le monarque ne voulant pas que la monture qui lui avait servi servît à d'autres.

Ainsi dit M. le juge de paix, et sa petite histoire, car c'en était une très véridique, fut l'occasion, dans la troupe, de quelques propos irrévérencieux à l'endroit des puissances. Sans contredit, si Basileo Scrignone avait été là il y a 318 ans, il eût bien pu manquer de respect à une tête couronnée ; il est vrai qu'il n'aimait tant les chevaux qu'à cause de sa mule ; que celle-ci n'était pas encore née le 27 juillet 1536, et que... enfin, on ne peut savoir au juste ce qui se serait passé entre le muletier luquois et l'empereur-roi.

Du sang, toujours du sang. — Il y a sur le bord de la mer où cette magnifique rampe conduit, une grotte, la plus belle qui se puisse voir. Pour la forme et les dimensions, la Halle-aux-Blés de Paris en donnerait une idée; ou bien on la dirait arrondie au compas, comme la coupole de Saint-Pierre. Un flot de lumière, quand le soleil est haut, y entre par une large baie de la voûte.

Ces gerbes éclatantes, pénétrant la pureté des eaux qu'elles font étinceler, sont pour les yeux un merveilleux régal. Un étroit espace laisse entrer la mer. Dans ses profondeurs venaient autrefois se jouer des troupes de phoques.

Ces animaux, on le sait, sont, comme le chien et l'éléphant, au premier rang des candidats à l'humanité. Leurs gros yeux ronds, méditatifs et intelligents, vous regardent doux, étonnés et craintifs. Leur douceur vous dit: «Je vous aime; » leur étonnement: « Pourquoi ne m'aimez-vous pas? » et leur crainte : « Ne m'aimerez-vous jamais? »

Lorsqu'on les voyait remonter du fond des eaux, leurs formes, d'abord confuses comme des ombres sans contours, donnaient, par leur dessin progressif, une idée vague des larves primitives sortant des limbes du néant pour prendre possession de l'être réel; et quand ils émergeaient à la surface, leurs corps, diaprés des eaux bleues et blanches, semblaient un ruissellement de pierres précieuses.

Des Anglais vinrent, munis de fusils qui lançaient des harpons à trente-cinq et quarante pieds de profondeur. Ils exterminèrent en dix ans ces nobles bêtes pour avoir leurs peaux et de ces peaux faire des blagues à tabac. Vice et cruauté, est-ce donc le civilisé à son apogée? Et vous, mon Dieu, quelle est l'intention de vos œuvres? Et que vous imposez de douloureux mystères à ceux qui veulent les adorer !

Quand Giocante passa près de la grotte, ce n'étaient pas ces idées-là qui le préoccupaient. Il n'en était pas moins chagrin. Il ne pouvait détacher son esprit de Quastana. Un incident, indigne assurément de l'histoire et même des annales, vint le distraire un moment; je le mentionnerai ici, sans crainte de déroger, d'autant mieux que quelques-uns des compagnons de Cinarca y virent un augure favorable à la suite de leur entreprise.

Comme ils prenaient congé, au bas de la rampe, de leurs amis de Bonifaccio, arrivèrent cinq à six pêcheurs, dont l'un tenait un renard et l'autre un homard énorme.

— Croiriez-vous, dirent-ils en s'adressant à M. le juge de paix, que ce homard-ci vient d'attraper ce renard-là ?

— Comment?

— Oui; il y a deux ou trois heures, avant le jour, nous avons pris le homard dans nos trémailles; et, comme il est beau, vous voyez, nous l'avons amarré par un bout de filin à notre petite ancre, et nous l'avons posé, pour le tenir frais, à un pied ou deux dans la mer. En repassant tantôt pour l'emporter, nous avons vu de loin l'eau qui s'éclaboussait; et, en approchant, voici ce que c'était: compère le homard avait empoigné une des cuisses du renard avec sa grosse pince; le renard le tirait sur la plage à la longueur du filin; il sautait et ressautait; mais l'autre ne lâchait pas, non. Nous avons mis la main dessus. Voyez comme il est vivant et penaud.

Ce n'est pas, d'ailleurs, la première fois que nous rencontrons des renards sur le bord de la mer, où ils viennent pêcher la nuit. Celui-ci, voyant un petit remuement de l'eau à l'endroit où était le homard, sera entré à reculons, comme ils font, pour attraper les petits poissons dans le poil de sa queue, et, ma foi, l'autre l'aura happé.

Cet épisode dérida Cinarca, et il n'est pas impossible que, comme quelques-uns de ses hommes, il y ait vu un bon signe, car il dit gaiement :

— Et nous aussi, nous allons en prendre de ces bêtes puantes.

Ils étaient tous impatients d'en finir avec les frères Colonna, qui occupaient les Agriates, dans lè nord de la Corse, pour revenir ensuite sur les Bellacocce, retranchés dans Pentica.

Cette dernière expédition devait, sans nulle comparaison, être la plus importante, et c'était de son succès que dépendrait celui de l'entreprise entière.

Ils marchaient donc de grand cœur sur les Agriates. On appelle ainsi un vaste territoire de l'arrondissement de Calvi, où les makis sont, en grande partie, composés de ce cerisier sauvage dont le fruit se nomme griotte. Le Monte-Grosso en occupe la partie centrale, et de son sommet les frères Colonna parcouraient du regard leur royaume étalé à leurs pieds. Beau spectacle qui a donné son nom même au chef-lieu du canton, Belgodere.

Les Colonna commandaient à une bande plus ou moins disciplinée d'une soixantaine de scélérats, la pire espèce de tout ce qu'on avait encore vu en Corse. Ils s'étaient souvent livrés entre eux d'affreux combats et ce qu'on en raconte dépasse l'imagination.

Quand Giocante arriva sur les lieux, sa déception fut amère. Les bandits, redoutant son attaque, avaient profité de son séjour forcé dans les îles Lavezzi pour s'entendre avec les Bellacocce et obtenir d'eux un asile à Pentica. Les renseignements recueillis dans les Agriates ne pouvaient laisser un doute à cet égard. D'ailleurs, il leur eut été impossible de s'y cacher en si grand nombre sans révéler leur présence par divers indices ; enfin, bien des témoins déclaraient les avoir rencontrés en route dans leur émigration.

Giocante voulait partir sur-le-champ ; Scrignone lui dit que, dans son opinion, les deux Colonna n'étaient pas à Pentica.

— Pourquoi ?

— D'un côté, parce que personne ne les a vus en marche avec leur bande ; de l'autre, parce qu'il y a une vieille vendetta entre eux et les Bellacocce.

— Où crois-tu donc qu'ils soient ?

— Sur le Monte Grosso.

— Il faut les y attaquer.

— Non, vous ne les prendriez pas.

— Alors ?

— Il ne vous faut ici qu'une dizaine d'hommes, mais les meilleurs ; renvoyez les autres pendant quatre jours dans leurs familles : ils en ont tous envie ; c'est un répit qu'ils finiront par prendre, si vous ne le leur donnez pas ; vous les aurez ensuite, reposés et satisfaits, pour agir contre Pentica. Pendant ces quatre jours, nous aurons une solution quelconque pour les Colonna.

— Tu as raison, Scrignone. Je t'écoute avec confiance. Continue.

— Vous gardez donc dix hommes de choix ; vous allez avec eux à Calenzana, où vous aurez toute facilité pour vous cacher et pour vivre ; vous licenciez les autres jusqu'au 3 août, où ils se retrouveront encore à Bocognano, puisque c'est de là qu'on domine Pentica.

— Je le veux bien; mais toi, que feras-tu?

— Je n'ai besoin, pour agir, que d'un homme jeune, brave et petit de taille. Pietro Vincenti ferait mon affaire.

— Tu le prendras.

— Merci.

— Tu n'as pas d'autre recommandation à me faire?

— Soignez bien la Muca à Calenzana.

Ces résolutions furent exécutées immédiatement, le 30 juillet.

Suivant les instructions que leur donna Giocante, ses hommes s'en allèrent ostensiblement chacun vers sa demeure. Lui, à la tête de ses dix réservés, il gagna Calenzana, en se dissimulant avec le plus grand soin.

Scrignone, conduisant un petit troupeau, s'engagea dans les Agriates. Il fit cacher Pietro Vincenti.

Vers cinq heures du matin, le 31, les Colonna, qui ne doutaient pas, d'après ce qu'ils avaient observé du Monte Grosso, que Giocante, en apprenant le départ de leur bande n'eût congédié la sienne, descendirent dans la plaine pour se refaire, et sans plus de cérémonie, emportèrent au faux berger Scrignone trois moutons, trois chevreaux, son outre bien remplie à leur intention, et un gros pain qu'il avait dans son sac. Lui protesta, résista, et se fit convenablement molester par eux. Il partirent, et, de temps à autre, se retournaient pour lui jeter un coup d'œil. Son attitude était celle d'un homme désespéré. Assis sur une pierre, il tenait sa tête entre ses mains ; mais il regardait à travers ses doigts, comme la Vergogna du Campo Sancto. Eux, rassurés par cette prostration apparente, ne remarquaient pas qu'un autre berger, plus jeune et plus petit, venait de sortir de sa cachette et les suivait de loin.

Quand ils furent arrivés à cet endroit de la côte où sont les carrières de marbre d'Algajola, ils descendirent dans la falaise.

Pietro Vincenti les ayant vus disparaître, vint retrouver Scrignone.

Celui-ci lui ordonna de se remettre en sentinelle pour s'assurer qu'ils ne ressortaient pas des carrières.

Puis, il prit sa course vers Calenzana.

A deux heures de l'après-midi, Giocante et ses dix hommes s'approchaient avec précaution des falaises d'Algajola.

— Seigneur, lui dit Pietro Vincenti, ils ne sont pas ressortis.

Giocante et ses dix hommes, Scrignone et le jeune Pietro, à plat ventre, le col tendu, se mirent à ramper parallèlement sur une ligne d'environ un kilomètre, en s'avançant vers la côte.

Ce fut le vieux Cinarca, auquel la Providence

réservait cette compensation de son insuccès des îles Lavezzi, qui tomba au bon endroit.

Il vit au-dessous de lui les deux frères Colonna qui, après avoir fait honneur au butin prélevé sur Scrignone, dormaient au soleil, doucement bercés par le murmure des vagues, sur une roche plate.

Il eût pu faire coup double ; mais, malgré ses quatre-vingt-deux ans, l'impétuosité l'emporta, il tira, et l'un des bandits, frappé, se redressa, retomba, roula dans la grève, où il finit ses dernières convulsions sur le sable.

L'autre avait disparu.

Les compagnons de Giocante descendirent ; heureusement que son âge ne lui permit pas de les devancer : le premier qui arriva sur la roche plate s'y affaissa, mortellement atteint d'un coup de feu. La fumée qui sortait d'un trou noir indiqua que c'était là l'asile du frère survivant.

Un second des compagnons, qui eut l'imprudence de s'en approcher, subit le même sort.

Le bandit était là. Comment s'en emparer? On délibéra.

Giocante fut d'avis de s'élancer avec deux des siens dans cette grotte étroite et de terrasser Colonna dans une lutte corps à corps.

On ne put le détourner de ce dessein. Il trouva ces deux hommes, aussi téméraires que lui. Ils se précipitèrent tous les trois. Deux nouveaux coups de fusil abattirent deux d'entre eux. Giocante, qui n'était pas atteint, parcourut la grotte ;

elle était vide; mais la lumière des détonations avait indiqué que, derrière cette première cavité, il y en avait une seconde, où Colonna était réfugié.

Un des fils de Cinarca, qui s'était rendu compte de cette situation en s'attachant à ses pas, le saisit et l'entraîna, avant que le bandit eût eu le temps de recharger son arme.

Il fallut se résoudre à faire un siège en règle.

Giocante pouvait disposer de huit hommes seulement, c'est-à-dire, six qui lui restaient sur les dix de sa petite troupe, puisque quatre venaient d'être mis hors de combat, plus Scrignone et Pietro Vincenti.

Il en plaça deux, l'arme au poing, de chaque côté de l'ouverture de la grotte, sur la roche plate; deux au-dessous, sur l'arène de la grève; et les deux autres furent envoyés couper des fascines d'agriotiers dans les makis voisins.

La nuit se passa ainsi. Le lendemain matin, 1er août, les douaniers de Saint-Florent et les gendarmes de Calvi, avertis par la rumeur publique, arrivèrent, et, à leur suite, une quinzaine d'ennemis particuliers des Colonna, car ceux-ci avaient excité contre eux, par leurs exactions dans la Balagne, d'implacables ressentiments.

Par malheur, ces nouveaux venus, malgré les avis qu'ils recevaient, ne pouvaient toujours se défendre de s'approcher pour inspecter les abords de la grotte; dès qu'ils entraient dans le champ de tir de l'assiégé, une balle, presque toujours mortelle, venait les frapper.

On eut l'idée, pour arriver à lui faire user ses munitions, d'allumer, à l'entrée de la grotte, un feu d'herbes sèches qui répandait une épaisse fumée, et, dans cette fumée, de dresser le corps du bandit tué la veille, un fusil à la main.

Ce stratagème réussit un instant, et le Colonna survivant fit trois décharges sur le cadavre de son frère.

Il reconnut ensuite la ruse et s'abstint de tirer.

Toutefois, on remarqua que les derniers coups n'avaient lancé que des moitiés de balles et produisaient de moindres détonations.

Il divisait son plomb et ménageait sa poudre.

Cependant, à trois heures de l'après-midi, il tua encore un homme et, quelques minutes plus tard, il en blessait grièvement un autre.

C'est alors qu'on alluma les fagots d'arbustes qu'on préparait depuis la veille. On les entassa à l'entrée de la grotte, et à mesure qu'ils s'enflammaient, on les poussait, le mieux possible, dans l'intérieur. Cette fournaise calcinait les rochers et obligeait les assiégeants à s'éloigner à plus de trente mètres.

Vers deux heures du matin on cessa d'alimenter le feu.

On se demandait quel avait été l'effet produit.

Un douanier soutenait avec force l'opinion que

Colonna avait, depuis longtemps, péri étouffé, et, pour preuve qu'on n'avait désormais rien à craindre, il se plaça en face de l'ouverture. Un coup de fusil l'abattit raide mort.

Depuis 'e point du jour, Giocante, dont la troupe grossissait incessamment par l'arrivée de nouvelles recrues volontaires, avait envoyé beaucoup de ses gens abattre un des gigantesques pins lariccio qui croissent sur le territoire de Corbara, à quelques centaines de mètres des carrières d'Algajola.

Vers midi, l'arbre fut porté par plus de trois cents personnes; on enduisit de résine son bouquet, et quand il fut enflammé, on le poussa dans la grotte aussi profondément qu'il put entrer.

La même opération fut répétée une heure après.

On se disposait à la recommencer une troisième fois, et ce n'eût pas été la dernière, car déjà six pins lariccio étaient, à cet effet, dressés contre la falaise ou couchés sur la plage.

La foule était considérable, son irritation extrême, et Colonna, s'il vivait encore, pouvait comprendre, à son agitation et à ses clameurs, quelle serait pour lui l'issue inévitable de ce siège.

On s'apprêtait donc à engouffrer dans la caverne le troisième arbre enflammé : le bandit apparaît, semblable à une évocation de l'enfer, sur la pierre plate, la barbe et les cheveux brûlés, le corps nu, rouge et comme cuit; il bondit sur le rivage, abat d'un coup de crosse, en touchant terre, un des hommes de Giocante, plonge son poignard dans la poitrine d'ur second assiégeant, et va sortir de cette ligne ennemie, fuir, se sauver peut-être, quand un gendarme lui casse le bras gauche d'une balle et lui lance sa carabine, dont la baïonnette s'enfonce dans ses reins; Colonna trébuche, il va choir, mais avant de tomber, il tourne contre lui-même un pistolet qu'il tenait de la main droite et se fait sauter la cervelle.

La foule exaltée l'entoura.

Giocante di Cinarca lui jeta un coup d'œil et dit à ses compagnons :

— Et maintenant à Pentica !

Le soir ils rentrèrent à Calenzana.

Le 3 août, il arriva à Bocognano, où il avait donné rendez-vous à ses amis pour le même jour. Il allait opérer contre Pentica.

Quand on va de Bastia à Ajaccio, arrivé au point culminant du massif des montagnes centrales, on franchit le passage étroit dit de la Foce, puis immédiatement commence la descente sur la pente occidentale, et Bocognano, chef-lieu de canton, est le premier village que l'on rencontre. Après l'avoir traversé, on aperçoit dans la campagne, sur sa droite, les fortifications naturelles de Pentica.

Ce lieu, si célèbre dans les fastes du banditisme se compose de deux masses rocheuses allongées, représentant à peu près les branches d'un grand compas qui serait ouvert à vingt degrés environ.

L'ouverture, tournée à l'est, regarde vers Bocognano; le sommet, fermé à l'ouest, est dans la direction de Sari d'Orcino et du golfe de Sagone; le tout est enveloppé au sud par la rivière Gravone, et au nord par le Liamone.

Cette topographie nous rappelle donc la région qui a été, il y a quelques jours, le théâtre des meurtres du docteur Padiolo et de la pauvre Virgo.

Pentica s'y dresse, hérissé et formidable. Ces rochers, qui en forment comme les deux bras, semblent avoir été lancés du sein de la terre par quelque convulsion rapide, qui les aura brisés dans la poussée; et leurs arêtes tranchantes, leurs parois lisses comme le verre, leurs cavités étroites et verticales, les cavernes indéfinies et inextricables qu'ils renferment, en font une citadelle aussi facile à défendre que dangereuse à aborder.

Au milieu de ce fouillis de pierres, pointues comme des aiguilles et coupantes comme des haches, croît une végétation épineuse qui sort en bouquets de chaque anfractuosité et que dominent de grands arbres de l'espèce des hêtres. Dans les nombreux sièges que les bandits de Pentica avaient eus à soutenir, ils s'établissaient commodément sur une pointe ou sur une branche, fusillaient les gendarmes à leur approche et, serrés de trop près, glissaient dans un trou insondable.

Aussi avait-on, à différentes époques, ou plutôt à toutes les époques, essayé vainement de les
en débusquer.

Toutefois, si les annales corses, à quelque âge
qu'on les consulte, représentent Pentica comme
un réduit inexpugnable, elle ne le montrent pas
toujours consacré à servir de repaire à des brigands.

Pendant les guerres de l'indépendance, il fut
souvent le dernier et inviolable asile des patriotes.

Depuis l'annexion de l'île à la France, il avait
perdu cette noble destination et, vers 1797, un
bandit fameux, qu'on avait surnommé Bellacocce, par allusion, m'a-t-on dit, à sa magnifique
stature et à ses aventures galantes, vint s'y établir
avec sa famille. Il s'en rendit absolument maître;
mais il eut à le défendre contre deux espèces de
compétiteurs : d'un côté, les condamnés contumaces qui avaient coutume de s'y refugier; de
l'autre, les communes limitrophes, qui y prétendaient des droits de propriété ou de parcours, car
Pentica, entre ses deux montagnes rocheuses, enferme un vallon fertile.

Pour les bandits forains, les Bellacocce les
tuaient simplement.

Pour les communes, peut-être y mettaient-ils
un peu plus de forme ; mais, en 1819, ils assassinèrent le maire de Bocognano, qui avait osé for-

mer contre eux une demande au possessoire ; en
1841, le maire d'Azzana eut le même sort pour
la même cause, à moins que peut-être il ne s'agît
alors du pétitoire au lieu du possessoire ; en 1851,
ils tuèrent encore un adjoint de Bocognano, et,
quelques mois après, le brigadier de cette résidence.

Diverses expéditions avaient été dirigées contre
eux ; les voltigeurs corses, en 1841, avaient
échoué ; il en fut de même d'un bataillon d'infan-
terie de marine qu'on avait fait venir de Toulon,
en 1851, après les derniers meurtres.

Les Bellacocce fusillaient, comme je l'ai dit,
quelques-uns de ces militaires, puis disparais-
saient. On trouvait dans la vallée où ils avaient
leurs cabanes et leurs granges, des femmes, des
vieillards, des enfants, en nombre considérable,
dépassant 50 ; on les amenait dans les prisons
d'Ajaccio ; et puis, après une détention de quelques mois, il fallait bien les rendre à la liberté.
Le jury ne pouvait évidemment pas les condam-
ner. Ils auraient dit : « C'est mon fils, c'est mon
père, c'est mon mari, ce n'est pas moi. »

Tout ce monde-là rentrait à Pentica ; les hommes les y attendaient déjà ou ne tardaient pas à
les rejoindre. Que faire? Recommencer l'expedi-
tion et sacrifier encore de braves gens en pure
perte? Détruire le retranchement à la mine? C'eût
été le seul moyen efficace ; mais il n'y avait pas
assez de poudre dans nos arsenaux.

L'autorité se tenait donc pour satisfaite quand

la tribu des Bellacocce voulait bien elle-même se tenir tranquille.

Parfois, il se passait des périodes de dix et douze ans dans l'intermittence de leurs méfaits. On cessait alors, par une sorte de compromis tacite, de revendiquer le territoire qu'ils avaient usurpé. Ils y vivaient entre eux, sans état civil, sans école, sans culte, ne communiquant avec le dehors que pour la vente de leurs produits et l'achat des objets domestiques.

Ils composaient une superbe race reconnaissable, dans les deux sexes, par le même type, très élancés, le poil roux, les extrémités fines, le front bas, le visage très ovale, des profils de camée, avec un air dédaigneux et cruel.

Il n'y avait jamais parmi eux qu'un chef, non le plus ancien, comme dans les familles patriarcales, mais le plus fort, comme dans les bandes de chevaux libres que mène par les pampas le maître étalon.

On ne croit pas qu'il y ait eu jamais entre eux de querelles intestines. Rien de semblable, du moins, n'a transpiré. D'ailleurs les indiscrétions n'étaient pas faciles à obtenir : on entrait parfois dans Pentica, mais on n'en sortait pas. En 1839, un prêtre défroqué, nommé Sarlane, qui avait je ne sais quel goût d'apostolat, s'y introduisit. On ne l'a plus revu.

Des faits analogues se répétèrent souvent. C'était comme l'antre du *Lion malade*, dans la fable, sauf que les Bellacocce se portaient bien.

Ils étaient alors gouvernés par Sampiero, âgé de quarante-cinq ans. On le disait supérieur encore, en audace, en vigueur, en ruse, en férocité, à ses prédécesseurs dans cette dynastie sauvage. Toutes ces qualités se réunissent dans le fait que voici, arrivé en 1852, mais dont la constatation n'a été que bien postérieure.

Il y avait dans la commune d'Azzana un individu du nom de Monerone, sans proches héritiers, qui avait acquis une petite fortune en faisant, dans les Antilles espagnoles, à Porto-Ricco, je crois, le métier de marchand colporteur. Il était boiteux et de haute taille, valétudinaire, et s'aidait pour marcher d'un bâton. Sampiero Bellacocce se grime comme lui, et, accompagné de deux témoins qu'il choisit, il s'en va un soir devant le notaire du canton qui, trompé par la ressemblance, reçoit le testament que lui dicte le bandit au nom de Monerone, en instituant pour son légataire universel un autre habitant d'Azzana, avec lequel le prétendu testateur avait quelques relations d'amitié.

Peu de jours après, Bellacocce va attendre Monerone qui revenait à cheval d'Ajaccio, à un endroit où le chemin traverse le Liamone, en côtoyant un précipice ; d'un coup d'épaule, il y jette le voyageur et sa monture. On crut d'abord à un accident, d'autant mieux qu'il en était arrivé quelques autres dans ce défilé. Ce fut même ce qui détermina un préfet de tardive prévoyance à y faire placer l'espèce de garde-fous qui s'y voit à présent. Mais les biens du testateur fictif passèrent à l'institué Castifa, qui les remit fidèlement à Sampiero, moyennant la prime convenue entre eux.

Cet acte de scélératesse, d'ailleurs, n'était pas connu quand Giocante di Cinarca se disposait à marcher contre Pentica. Il n'aurait rien ajouté ni à la fureur du vieux patriote, qui reprochait surtout en ce moment aux Bellacocce d'avoir soustrait, en lui donnant asile, la bande des Agriates à ses coups ; ni à l'indignation publique qui, fomentée par les familles des anciennes victimes, applaudissait à l'expédition dirigée contre eux.

Aussi Giocante avait-il à sa disposition à Bocognano, dans la nuit du 3 au 4 août, beaucoup plus de fusils qu'au couvent de Piedicrocce.

Sur les 367 hommes réunis à cette époque, il en avait perdu une trentaine tués ou blessés, et autant à peu près étaient rentrés dans leurs foyers pour des motifs divers ; mais la nouvelle de l'attaque de Pentica, comme couronnement de la destruction des bandes, ayant échauffé les âmes, des recrues étaient accourues de tous côtés, qui avaient plus que comblé les vides. Tous ces nouveaux venus, d'ailleurs, n'étaient pas des patriotes désintéressés, et l'espoir du butin stimulait quelque peu leur dévouement, car l'imagination populaire gratifiait à plaisir les Bellacocce d'une abondance de biens, ample matière à pillage.

Giocante avait donc autour de lui 396 hommes, quand il investit Pentica, le 4 août, longtemps avant le jour.

Il en envoya 300 à l'extrémité de l'angle, à l'endroit où les deux côtés se rejoignent ; là, cette troupe, après avoir escaladé la montagne, devait se diviser en deux, une moitié opérant sur chaque branche et se dirigeant vers l'ouverture de manière à débusquer les bandits, qui devaient avoir pris, selon leur coutume, position sur les crêtes.

Les 96 hommes restant avec Giocante furent échelonnés à cette ouverture ou entrée du vallon, pour recevoir en tête les bandits qui prendraient la fuite devant les attaques de droite et de gauche.

A trois heures et demie, la manœuvre commença.

A quatre heures, pas un coup de fusil n'avait encore retenti.

On ne put douter que les Bellacocce avaient renoncé à leur ancienne manière de combattre ; mais qu'elle était la nouvelle ?

Bientôt Giocante, n'y tenant plus, demanda la Muca et se disposa à pénétrer dans Pentica.

Plusieurs de ses enfants, qui ne le quittaient pas, le supplient de ne pas aller affronter une mort certaine, le conjurent, se jettent à ses pieds, ont même la pensée d'opposer une résistance matérielle à son dessein : mais il leur parla de son honneur, et d'un tel accent, qu'il fallut le laisser faire. Ce mot-là était la cause de son héroïsme comme de ses folies.

Pendant qu'il s'exaltait et repoussait ses fils, Scrignone tenait la tête de sa mule entre ses bras, et, selon son usage, lui parlait doucement à l'oreille. Mais qui eut pu voir l'air narquois qu'il cachait sous ses caresses et aussi dans les longs cornets de la Muca, n'aurait pas craint pour les jours du précieux animal.

Giocante s'élança et, en quelques instants, la rapidité de la mule l'eut rapproché du sommet du vallon. Il eut pourtant le temps de s'étonner, à mesure que les chaînes de rochers se rétrécissaient à gauche et à droite, de ne pas entendre sortir de leurs flancs une fusillade à son intention.

Quand il eut atteint l'exploitation rurale des Bellacocce, il y trouva, comme toujours en pareille occurence, les femmes, les vieillards, les enfants. Il mit pied à terre.

— Où sont les hommes?

— Partis.

— Quand?

— Cette nuit.

— Par où?

— Nous ne savons pas.

— Pour où?

— Ils ne l'ont pas dit.

Arrivent les fils de Giocante et Scrignone, qui l'avaient suivi en courant. Ils allaient continuer cet interrogatoire quand deux coups de fusil, et biontôt après plusieurs autres, retentirent; la direction du bruit, d'abord, puis la vue de la fumée indiquaient que les compagnons de Cinarca, du haut des crêtes, faisaient feu sur les bandits, qui devaient occuper le versant extérieur de la chaîne sud, de l'autre côté du vallon. Cette situation était incompréhensible. Elle était l'inverse de ce qu'on avait toujours vu et de ce qu'on s'attendait encore à voir : les assiégeants étaient donc en dedans de Pentica et les assiégés en dehors? Ceux-ci se trouvaient donc en bas, vers la plaine, et ceux-là les dominaient des hauteurs?

Scrignone seul comprenait. Il prit sa mule, quand Giocante s'élança à travers les rochers pour courir à la fusillade.

Il la mena dans un petit pré d'herbe tendre que nourraissait une source pure tout contre les cabanes des Bellacocce.

— Plus souvent, lui disait-il, que j'aurais laissé le vieux Giocante faire son combat comme il l'avait imaginé ! Plus souvent! Je le connais, le brave seigneur ; il t'aurait menée au plus chaud de la bagarre! Je les connais aussi, ces bandits brutaux qui, pour le tuer, n'auraient pas craint de tirer sur toi ! Plus souvent!

Le Luquois, en effet, quand il avait entendu les chefs, dans la nuit précédente, arrêter leur plan d'attaque, se dit que la Muca allait inévitablement périr, car Cinarca, porté par elle et qui croirait de son honneur, sans aucun doute, de parcourir le vallon de long en large, serait un but trop facile à atteindre.

Sans perdre de temps, il prend à l'écart un de ses compatriotes qu'il s'adjoignait souvent comme guide.

— Orson Orsoni, lui dit-il, tu vas aller à Pentica...

— A Pentica?

— Tu crains? Je vais te rassurer; mon fils Giulio que voilà ira avec toi ; je ne l'enverrais pas à la mort apparemment.

— Que faire à Pentica?

— Dire à Sampiero Bellacocce et à sa bande qu'au point du jour ils vont être attaqués par Giocante di Cinarca à la tête de plus de mille hommes, et que les chefs ont juré qu'il n'y aurait de quartier pour personne.

— Me croiront-ils?

— Oui, envoyé par moi. .

— Comment me réclamer de toi?

— Tu montreras le Zoochino que voici, qui vaut deux écus et vingt bajoques. Quand Sampiero le verra, il saura qui t'envoie. Tu sais, Orson, que je ne suis pas ingrat pour ceux qui m'obligent.

— J'irai.

— De suite. N'oublie pas que l'avis dont je te charge, tu dois le donner à tous ceux que tu verras, non seulement à Sampiero, mais à tous les Bellacocce, aux femmes, aux vieux, surtout aux réfugiés des Agriates. Pars avec Giulio. Il est dix heures. A onze heures et demie, tu rencontreras les postes avancés de Pentica; à une heure du matin, tu auras fait ta commission; à deux heures et demie, tu seras de retour ici, quand nous nous mettrons en marche.

Scrignone avait supposé avec raison que la bande des Colonna n'avait pas fui la Balagne dans le but de venir livrer à Pentica de sanglants combats, mais tout simplement pour se sauver. Ce n'étaient pour la plupart qu'un ramassis de lâches coquins pillards. Aussi, sur l'avis que leur donna Orson Orsoni, ils se mirent en devoir de déguerpir. Les Bellacocce, ou du moins Sampiero, voulurent s'y opposer. Il s'éleva des disputes, on perdit du temps, et quand cette masse de bandits put enfin se mettre en mouvement, comme elle se disposait à descendre le vallon, les soldats de Cinarca s'échelonnaient pour prendre possession de l'ouverture. Les bandits, effrayés, cherchèrent alors à s'esquiver par une sorte de souterrain que beaucoup d'entre eux connaissaient vis-à-vis les cabanes. Ce passage à travers les rochers avait été ménagé naturellement dans le chaos des blocs, et, à diverses époques, soit durant les guerres de l'indépendance, ou plus tard, pendant la domination des Bellacocce, des travaux de main-d'œuvre l'avaient rendu aussi praticable que pouvaient le permettre sa grande longueur, son étroitesse par endroits et ses nombreuses sinuosités.

Les bandits s'enfournèrent dans ce boyau, qui

aurait pu en contenir un nombre bien plus grand ; mais les premiers entrés, quand ils arrivèrent à l'orifice extérieur, hésitèrent à sortir, parce qu'ils entendaient les pas de la troupe de Giocante gagnant l'extrémité de Pentica pour commencer sa manœuvre. Ils s'entassèrent donc à la sortie et ne tardèrent pas à sentir la poussée de ceux qui les suivaient ; elle ne cessa d'augmenter, les derniers entrés s'imaginant que le danger était derrière eux et le salut devant ; elle devint bientôt si forte qu'elle jeta au dehors la tête de cette colonne tortueuse ; les assiégeants l'aperçurent du haut des rochers et entamèrent la fusillade ; les bandits ripostaient de leur mieux, et continuaient toujours d'évacuer l'intestin de la montagne ; la plupart étaient tués sur place, quelques-uns parvenaient à s'échapper ; mais bientôt l'entassement des morts obstrua la sortie, les fugitifs trébuchaient sur les cadavres, et on les vit, jetant leurs fusils, demander miséricorde.

En même temps, de l'autre côté, dans le vallon de Pentica, les hommes de Giocante cherchaient l'entrée du souterrain, quand subitement et littéralement entre leurs jambes, bondit d'une touffe épaisse de muccio Sampiero Bellacocce lui-même qui, n'ayant pu empêcher ses compagnons de se dérober, s'était refusé à partager leur sort. Peut-être voulait-il, semblable au général qui protége une retraite, au capitaine d'un vaisseau qui naufrage, être le dernier à se sauver, le dernier sur le pont de son navire.

Quand il partit comme un sanglier au débucher, il fut salué de cinq à six balles dont l'une emporta son chapeau ; un instant après, comme il filait au bord d'un champ de luzerne, il reçut de nouvelles décharges ; il lâcha son fusil qu'il portait horizontalement de la main gauche ; fit un petit bond de côté et releva son arme de la main droite ; ce mouvement fit croire qu'il avait été blessé ; en effet, il avait le bras gauche cassé ; il n'en continua pas moins sa course et arriva à l'ouverture du vallon, qu'il pouvait franchir sans danger, car ceux que Giocante y avaient apostés le matin, s'étaient ralliés au gros des combattants, lorsqu'ils entendirent la fusillade près du souterrain.

Sampiero avait donc la chance d'échapper à ceux qui le poursuivaient ; mais au moment où il allait sortir du vallon, il vit, sur la grand'route qui lui faisait face, une soixantaine de gendarmes qui descendaient vers lui ; c'étaient des militaires sous les ordres de notre ami, le capitaine de Corte, que l'autorité supérieure avait dirigés sur Pentica, pour constater par leurs procès-verbaux et consacrer par leur présence, sinon pour faciliter par leur concours, la destruction finale du banditisme.

Ils purent se flatter néanmoins d'arriver encore assez à temps pour s'emparer de Sampiero Bellacocce et recueillir ainsi la plus belle palme de la journée, puisqu'il est vrai, comme disait le duc d'Albe, qu'une tête de saumon vaut mieux que soixante grenouilles; la situation du fameux bandit paraissait, en effet, désespérée, mené qu'il était comme un gibier blessé par une meute nombreuse sur ses derrières, et voyant en tête un cordon infranchissable de chasseurs. D'un coup d'œil, il se rendit compte du péril, et, sans croire peut-être qu'il le conjurerait, il voulut au moins le tenter.

A un court moment, la déclivité du sol le faisait disparaître aux yeux de ceux qui le poursuivaient; en ce moment aussi les gendarmes, qui avaient à traverser un rideau de makis de quelques mètres d'épaisseur, le perdaient également de vue. Ce moment lui suffit. Il se trouvait au pied du vallon où les débordements de la Gravone et du Liamone forment, après les orages, des marais composés de larges flaques d'eau tourbeuse, entremêlés d'îlots, et couverts d'épaisses végétations aquatiques. Il coupe, à l'aide de son couteau et de ses dents, un roseau entre deux nœuds; et, pendant cette rapide opération, oblique sur sa gauche, pour dérouter les derniers regards qui l'ont aperçu, se couche sur le dos dans ce limon liquide où il s'enfonce de son propre poids, respirant par le tube dont il tient un des bouts entre ses lèvres closes, tandis que l'autre bout pompe, imperceptible à la surface, l'air dont il a besoin. Immobile, il entend arriver, courant à l'encontre l'une de l'autre, la troupe de Cinarca et celle des gendarmes, qui s'étonnent, s'exclament, s'interpellent, sans pouvoir comprendre comment, entre leurs rangs, elles n'ont embrassé que le vide, se demandant si c'est la terre qui a englouti ou le ciel qui a aspiré Sampiero Bellacocce. Cette dernière supposition surtout était bien invraisemblable.

Alors elles commencent des fouilles effarées, et, après dix-neuf heures de recherches vaines et de conjectures impossibles, ils finissent par admettre : les hommes de Giocante, que le bandit avait percé la ligne des gendarmes, sans qu'on le vît; les gendarmes, qu'il avait rebroussé sur les hommes de Giocante sans en être aperçu.

Enfin, à minuit, ils rentrent à Bocognano, chacun assez mécontent de soi et fort mécontent des autres.

Cependant Sampiero était toujours enseveli dans le marais.

Il y resta, depuis 5 heures du matin, le 4 août, jusqu'à 2 heures du matin, le lendemain. Il m'a raconté les impressions qu'il éprouva pendant cet enfouissement.

Il ne cessa d'entendre, au milieu des perquisitions, ce qui se disait autour de lui, et, par moments même, il pouvait discerner les mouvements de ses ennemis qui s'agitaient de tous côtés. Ils vinrent à maintes reprises, piétiner dans l'endroit où il gisait, et le foulèrent, sans soupçonner sa présence, tant il était incorporé à cet amas de boue limoneuse.

Les gendarmes y plongeaient leurs baïonnettes, et par trois fois, il en fut atteint; il ne poussa pas

un cri, ne fit pas un mouvement compromettant.
Savez-vous quelle était sa préoccupation ?

— Mon sang, se disait-il, en coulant de ces blessures et de mon bras brisé, va me trahir.

Cette crainte ne se réalisa pas, soit que la couleur rougeâtre du marais empêchât de remarquer celle du sang, soit que l'épaisseur de ce
milieu fît obstacle à ce qu'il remontât à la surface.

A ce danger des coups de baïonnettes, s'en joignait un plus grand encore, auquel il faillit plusieurs fois succomber, lorsque ceux qui le recher-
chaient, en marchant sur lui, le faisaient entrer
plus profondément dans la vase et que l'extrémité de son roseau cessait d'être en communication avec l'air. Ce ne fut qu'à minuit que les
fouilles cessant, il put respirer à loisir, affranchi
de ces menaces d'asphyxie.

L'eau reprit alors une limpidité relative. La
nuit était claire. Il n'entendait plus aucun bruit.
Il craignait cependant encore quelque ruse de ses
ennemis. Il cherchait à voir sans se montrer. Au
bout de deux heures, rassuré par le silence et ne
voulant pas se laisser devancer par le soleil, il
sortit enfin de son lit de fange; mais toujours
prudent, il se traîna sur le ventre, gagna la
rivière voisine, la Gravone, s'y plongea avec
délices, lava ses souillures, nettoya ses plaies,
puis ce crocodile alla ailleurs.

Pendant ce temps, on amenait à Bocognano,
devant Cinarca, les prisonniers du jour. Ils
étaient au nombre de 39.

Giocante avait perdu 3 hommes tués et 7 blessés, la plupart assez légèrement.

Quand les prisonniers furent conduits devant lui, on s'attendait à ce qu'il ordonnât de les fusiller. Les gendarmes mêmes, prévoyant cette décision fort probable et ne pouvant s'exposer, pour y mettre obstacle, à une collision avec les vainqueurs, reprirent la route de Corte; mais ils n'avaient pas atteint Vivario, que Giocante leur envoya une estafette pour les prier de revenir, et leur remit les 39 hommes.

Pensa-t-il que, le banditisme terrassé, le sang versé désormais eût été sans objet? On l'a cru, peut-être à tort. Cette considération dut avoir d'autant moins d'empire sur son esprit, que ceux à qui il faisait grâce de la vie étaient tous les anciens hôtes des Agriates, pour lesquels son mépris égalait sa haine.

D'après Scrignone, cette détermination qui étonna alors, aurait eu une toute autre cause et quelque peu mystérieuse. Il m'a raconté que, parmi les prisonniers, le vieux patriote, en les passant en revue pour s'assurer de quelle origine ou provenance ils étaient, fut frappé de la ressemblance qu'avaient entre eux deux jeunes gens qui, en effet, étaient frères jumeaux. Cette remarque parut le troubler. Les ayant interrogés, il apprit que leur mère avait habité au pied du Monte Renosa. Il aurait peut-être voulu leur faire grâce, tout en passant les autres par les armes; mais le sentiment d'égalité ombrageuse, gravé si profondément au cœur des Corses, ne le lui permettant pas, il se serait résolu à les livrer tous à la gendarmerie.

Traduits quelques mois après devant la cour d'assises de Bastia, ils furent traités sans sévérité, sauf quelques-uns notoirement couverts de crimes, que les objurgations des parents de leurs victimes poursuivirent jusqu'aux pieds de la justice. Les autres ne furent frappés que de peines très modérées; plusieurs mêmes obtinrent le bénéfice d'un acquittement complet. L'île était pacifiée, l'indulgence reprenait ses droits naturels.

Depuis, on a vu encore des bandits, mais il n'y a plus de banditisme.

La Corse fut soumise, quelques années après, à des épreuves répétées qui l'ont clairement démontré. En 1863, en effet, eurent lieu les élections législatives; mais on peut dire que le choix d'un député passe au-dessus des régions où se recrutent d'ordinaire les bandits; en 1864, on fit les élections pour le renouvellement des conseils généraux, et ici on se rapprochait davantage des intérêts locaux qui surexcitent les vanités et préparent les vengeances; en 1865, ce fut le tour des élections municipales, c'est-à-dire le choix à faire du *prepotente* de la commune; il y eut bien des fraudes assurément dans les scrutins; quinze maires furent, pour ce genre de prévarications, poursuivis, condamnés, emprisonnés.

Or, s'il retentit quelques coups de fusil isolés, il n'y eut pas de menace grave à la sécurité générale. Dernière et plus décisive épreuve, on a rendu aux Corses le port des armes, et contrairement aux prévisions pessimistes, ils ne se sont pas massacrés entre eux.

Le banditisme est donc mort. C'est un beau titre pour la Corse d'avoir, de sa propre main, extirpé de son flanc ce mal séculaire qui la rongeait, d'y avoir porté le fer et le feu, d'avoir cautérisé la plaie.

Une grande gloire aussi pour le vieux Giocanto di Cinarca, d'avoir été le chirurgien de cette héroïque opération. Personne ne lui en disputa l'honneur, peut-être parce qu'il ne réclama pas d'honoraires.

L'expédition de Pentica étant terminée le 5 août dans la soirée, il repartit la nuit même pour le Monte Renosa, et le lendemain matin il revit l'éternel spectacle éternellement beau qu'il contemplait depuis trente-huit ans, au même sommet, l'aurore dans un ciel pur.

Un chagrin lui restait cependant au cœur et il songeait toujours à la fuite de Quastana et de Sampiero Bellacocce. Scrignone le consola et lui dit :

— Faites le serment, seigneur Giocante, que, vous vivant, ils ne rentreront pas en Corse ; vous le tiendrez et ainsi vous serez toujours leur vainqueur, eux toujours vos vaincus.

— Tu ne me donnes que de bons conseils, Scrignone.

Et ce ne fut peut-être pas sans quelque solennité qu'il fit ce serment. Il en fut soulagé.

Sa famille cependant, qui avait obtenu sans difficulté que les condamnations prononcées contre lui par contumace seraient regardées comme prescrites, voulait à tout prix le ramener auprès d'elle. On ne cessait de lui en parler, de le supplier. Il s'y refusait avec une opiniâtreté un peu puérile.

— Vous n'y ferez rien, leur dit Scrignone, ni par raisonnement ni par raison. Il croit que son honneur l'attache sur le haut de cette montagne. Il n'y aurait qu'un moyen et encore n'est-il pas assuré.

Par une belle matinée de ce même mois d'août 1854, le sentier qui menait à son aire se couvrit de femmes et d'enfants, ses filles, ses brus et leurs jeunes nichées, qui, comme un ruban mobile, se mirent à monter jusqu'au haut. On ne pouvait ni vaincre ni convaincre l'âme du vieillard; ne pourrait-on pas l'attendrir?

Cette charmante troupe, arrivée jusqu'à lui, l'entourait de ses embrassements, et sans proférer d'autres paroles, disait : Père, père! Puis, elle commença à l'entraîner vers le sentier, toujours en répétant le même doux mot. Lui, ne savait trop que faire. Tantôt l'un, tantôt l'autre des petits-enfants se jetait dans ses bras; il le caressait et le reposait à terre; mais ses bras ne se vidaient pas, il en venait toujours; ils le tiraient par ses habits, le poussaient dans le sentier : Père, père! Il n'osait leur résister de peur de les faire choir, et peu à peu il avançait; les femmes en même temps s'emparaient des quelques meubles garnissant le repaire, et son déménagement s'opérait; il comprenait leur dessein et voulait protester, mais il sentait aussi l'effort de toutes ces petites mains, il entendait ces petites voix comme un chœur suppliant : Père! père!

Il faisait encore un pas; et plusieurs fois, combattu par les puissants instincts qui faisaient deux parts de son cœur, il s'arrêta irrésolu; enfin, il arriva au pied de la montagne où se trouvait réunie toute sa famille; elle le reçut comme son hôte naturel et son maître, sans paraître surprise de le revoir, sans lui faire aucune question, sans allusions même à sa longue résistance, mais simplement heureuse de l'entourer; les femmes, en l'embrassant, les hommes, en lui serrant les mains, ne lui disaient autre chose que le mot qui l'avait vaincu : Père! père!

Et c'est au milieu de leur affectueux empressement qu'il rentra, pour ne la plus quitter, dans cette demeure héréditaire qui avait vu naître et mourir tant de générations des Cinarca.

Il reprit la direction active de l'exploitation de ses terres, qu'il n'avait d'ailleurs jamais entièrement abandonnée pendant sa longue existence de bandit. Il vécut encore quatorze ans dans le domaine de Cinarca, au milieu de la tendresse des siens et du respect de tous.

Il n'avait pu cependant se plier aux habitudes communes, ni surtout s'accoutumer à respirer dans l'atmosphère des appartements clos. Son lit était placé contre une fenêtre toujours ouverte qui recevait les premiers rayons du jour. Sa santé semblait à l'abri des atteintes de l'âge ; sa vigueur même ne paraissait pas sensiblement diminuée, et il était parvenu à quatre-vingt-seize ans.

Le matin du 14 mai 1868, jour de l'anniversaire de sa naissance, sa famille et une foule d'amis et de clients attendaient, dans la vaste cuisine du rez-de-chaussée, qu'il descendît et s'étonnaient de son retard, lui, toujours si vigilant. Il appela ; un de ses fils monta.

— Quelle heure donc, dit-il, est-il bien ? Il me semble que le jour doit s'avancer et je n'y vois pas.

Son fils comprit qu'il était devenu subitement aveugle ; il ne répondit rien et descendit consterné.

Le lit du vieillard fut bientôt entouré ; il s'était mis sur son séant.

— Ouvrez donc ma fenêtre, dit-il, pourquoi l'a-t-on fermée ? J'étouffe.

Elle était ouverte.

— Je veux aller au grand air, ajouta-t-il ; de l'air ! de l'air !

On l'aida à s'habiller et à descendre sur le seuil de la maison. Il s'arrêta quelques instants, debout, promenant ses yeux dans le ciel, comme pour y chercher la lumière ; puis, il s'assit sur le banc de bois qui est à gauche, sous la vigne.

Sa famille s'agenouilla autour de lui ; les femmes baisaient ses mains et soulevaient leurs enfants pour les mettre une dernière fois dans ses bras; il leur souriait et les caressait; mais, de seconde en seconde, son sourire devenait plus pâle et ses caresses plus tremblantes. On attendait, en silence, les cœurs navrés. Le soleil, déjà haut, inondait de ses feux ce groupe de la famille humaine; la bonne odeur du muccio parfumait tout. Bientôt le vieillard renversa la tête, semblant regarder les cieux, en poussant un faible soupir; et, dans ce moment, un bel essaim d'abeilles, sorti d'un chêne liège voisin, vint former sa brillante spirale au-dessus de son front vénérable, comme pour recueillir l'âme de Giocante di Cinarca qui s'exhalait.

FIN.

IMPRIMERIE D. BARDIN, A SAINT-GERMAIN.